歴史文化ライブラリー

144

大和の豪族と渡来人

葛城・蘇我氏と大伴・物部氏

加藤謙吉

吉川弘文館

目次

「今来才伎」の渡来——プロローグ

1　「今来才伎」の渡来

「今来才伎」

『日本書紀』雄略天皇七年是歳条には、吉備《きび》氏の反乱伝承と結び付く形で、次のような話を伝えている。

吉備上道臣田狭《きびのかみつみちのおみたさ》の妻の稚媛《わかひめ》が美人であることを知った天皇は、稚媛を女御《みめ》にしようとして、田狭を任那《みまな》国司に任命し、その留守に稚媛を召した。任地でそのことを聞いた田狭は、新羅《しらぎ》に通じて、天皇に反抗しようとしたので、天皇は田狭の子の弟君《おときみ》と吉備海部直《きびのあまのあたい》赤尾《あかお》に詔《みことのり》して、新羅を討たせようとした。その時、西漢才伎《かわちのあやのてひと》歓因知利《かんいんちり》が天皇に「奴《やつかれ》より巧《たくみ》なる者、多《さわ》に韓国《からくに》に在《はべ》り。召して使《つかわ》すべし」と申し出た。天皇はその勧めに従い、歓因知利を弟君らに添えて道を百済《くだら》に取り、あわせて勅書を下して百済に巧の者を献上せよと命じた。

弟君は新羅討伐を行わず、百済が天皇に献上した「今来才伎《いまきのてひと》」を船の風待ちと称して大島に抑留し、任那の田狭と結んで謀叛を起こした。弟君の謀叛を憎んだ妻の樟媛《くすひめ》はひそかに夫を殺し、吉備海部直赤尾とともに「手末才伎《たなすえのてひと》」（今来才伎）と大島に在留していた。弟君がいなくなってしまったので、天皇は日鷹吉士《ひたかのきし》と堅磐固安銭《かたしわのこあんぜん》を使者として派遣し、ともに復命をさせた。

そして「今来才伎」を「倭国吾礪広津邑《やまとのくにのあとのひろきつむら》」に安置したが、病死する者が多かったので、天皇は大伴大連室屋《おおとものおおむらじむろや》に詔して、東漢直掬《やまとのあやのあたいつか》に命じ、「新漢《いまきのあや》」の陶部高貴《すえつくりのこうき》・鞍《くら》部堅貴《つくりのけんき》・画部因斯羅我《えかきいんしらが》・錦部定安那錦《にしごりじょうあんなこむ》・訳語卯安那《おさみょうあんな》らを、上桃原《ももはら》・下桃原・真神原《まかみのはら》の三ヵ所に遷《うつ》し居住させた。

「才伎」とは職人・工人・技術者を表し、「今来」は「新たに来った」・「新参の」の意である。「手末才伎」とも記されるが、タナスエ（手末）は「手さき」の意で、「手末才伎」は手工業技術者のことである。五世紀後半から六世紀にかけて、朝鮮半島の加耶《かや》や百済などから、大量の渡来人が畿内方面に移住してきた。こうした人々を旧来の渡来人と区別して、「今来」と呼び、そのなかの工人をとくに「今来才伎」と称したのである。

雄略七年是歳条の問題点と本書の意図

この物語は一見して複雑な筋立てから成る。『書紀』（以下、『日本書紀』を『書紀』と略記する）は、分注で田狭の妻が稚媛ではなく、名は毛媛《けひめ》で、葛城襲津彦《そつひこ》の子の玉田宿禰《たまたのすくね》の女《むすめ》であるとの別伝を記し、さらに「或本に云わく」として、本文では妻に殺されたはずの弟君が百済より帰還し、天皇に漢手人部《あやのてひとべ》・衣縫部《きぬぬいべ》・宍人部《ししひとべ》を献上したとの異説を掲げている。本来、趣旨や性格の異なるいくつかの所伝を、無理に一つにつなぎあわせた形跡が認められ、随所に矛盾や不自然さが露呈している。吉備氏の反乱にしても、雄略死後に勃発した星川皇子《ほしかわのみこ》（雄略と稚媛の子）の乱の伏線として、この条に掲げたもので、そのまま史実と受け取ることはできない。

　このように、内容的には疑わしい点が少なくないが、渡来した「今来才伎」の支配のあり方について、この話はいくつかの興味深い問題をわれわれに提起している。第一に注目すべきは、雄略天皇が百済から「今来才伎」を呼び寄せようとした理由が、「自分よりも優秀な才伎が数多くいるから」という西漢才伎歓因知利の勧めに従ったためとすることである。「西漢才伎」の「西漢」とは西漢（カワチノアヤ）氏のことであろう。西漢氏は東漢（ヤマトノアヤ）氏と対《つい》を成す氏名を持ち、東漢氏と同じく、天武朝末年に直《あたい》から連《むらじ》を経て忌寸《いみき》へと改姓した渡来系の氏族である。歓因知利は西漢氏系の、おそらくはその支配下にあった才伎と思われる。

第二には、招喚された「今来才伎」の最初の安置の場が「倭国吾礪広津邑」とされることである。「倭国吾礪広津邑」は、『和名抄《わみようしよう》』の河内国渋川郡跡部郷、すなわち物部守屋《もののべのもりや》の「阿都《あと》の別業《なりどころ》」・「渋河の家」のあった所で、物部氏の河内の本拠地にほかならない。この地に「今来才伎」が置かれたということは、物部氏が「今来才伎」の支配になんらかの役割を果たした事実を示唆しよう。

第三には、病死する者が多かったために、「新漢」の陶部高貴以下の「今来才伎」たちを、大伴室屋・東漢直掬が上桃原・下桃原・真神原の三ヵ所に遷したとすることである。桃原は蘇我馬子《そがのうまこ》の「桃原墓」の所在地、真神原は「飛鳥真神原」で、法興寺《ほうこうじ》（飛鳥寺《あすかでら》）の所在地を指す。どちらも大和国高市《たけち》郡内の地であるが、雄略の詔により、「今来才伎」をこの地に遷したとされる大伴氏や東漢氏は高市郡内に拠点を持つ氏族である。加えて陶部高貴らの名前に冠せられた「新漢」は、彼らが東漢氏のもとに編入された今来漢人《あやひと》（新漢人）であったことを示している。

この話は、基本的に「今来才伎」の起源説話としての性格を有する。すなわち「今来才伎」の渡来の始期を、雄略天皇の時代に設定し、かかる歴史観に立って、全体の話が組み立てられている。したがって「今来才伎」の倭国吾礪広津邑への安置や大和国高市郡への移住が、なんらかの歴史的事実に基づく伝承であるとしても、それを必ずしも雄略朝の出来事として理解する必要はない。

むしろ移住先の上桃原・下桃原・真神原が、いずれも蘇我氏所縁《ゆかり》の地であることを念頭に置くと、蘇我氏と東漢氏の連携の下に、六世紀代に「今来才伎」の一部が、河内の物部氏の本拠地から蘇我・東漢両氏の拠点のある大和国高市郡に移住させられた史実を伝えたものと見ることができるかもしれない。その場合、大伴室屋と東漢直掬の名を記したのは、話を雄略朝に遡らせるための造作ということになるが、一方でそのような造作が行われた背景に、五世紀代の大伴氏と東漢氏とのつながりを想定することもまた可能であろう。

いうまでもなく大伴・物部両氏は「大連」、蘇我氏は「大臣」に任命されたと『書紀』に記す氏族である。「今来才伎」がそれぞれの技術をもって、王権に職務奉仕するようになる段階で、執政官とされるこれらの有力氏が、東漢氏や西漢氏を介在させながら、「今来才伎」の支配にかかわっていた事実、および渡来人の掌握をめぐって、執政氏族間に競合的・対立的な関係が存在した可能性を、この物語は示唆するのである。大和政権の中枢を構成した有力豪族が、渡来系の諸氏・諸集団と積極的に結び付こうとしていた状況を、雄略七年是歳条の記事の行間から読み取ることが可能であろう。

本書では、こうした点をふまえて、五・六世紀の畿内有力豪族、およびそれと交流関係にあった渡来系諸氏・諸集団のあり方や氏族構造・支配組織の実態などを探ってみたい。そしてその結果、大和政権が歴史的にどのように変動していったのかを明らかにするつもりである。すなわち、中央豪族と渡来人の動向を通して、五・六世紀史を叙述することが、本書の狙いである。

葛城氏と渡来人

8　葛城襲津彦と渡来人

人質の逃亡と俘人の連行

『書紀』神功摂政五年三月条には次のような記事を掲げている。

新羅王は前に日本に人質として送られていた微叱己智波珍干岐《みしこちはとりかんき》を取り戻そうとして、毛麻利叱智《もまりしち》らの使者を日本に遣わした。微叱己智波珍干岐は皇太后（神功皇后《じんぐうこうごう》）を欺き、一時的に帰国を認められ、葛城襲津彦《かずらきのそつひこ》がこれに付き添い、新羅に派遣されることになった。途中、対馬で毛麻利叱智らはひそかに船と水手《かこ》を手配して、微叱己智波珍干岐を新羅に逃れさせたが、やがてことが発覚し、毛麻利叱智らは襲津彦に焼き殺された。襲津彦はそのまま新羅に赴き、蹈鞴津《たたらのつ》に宿営し、草《さわ》羅城《らのさし》を攻め落として帰還した。この時捕虜として連行された人々は、いまの桑原《くわはら》・佐《さ》靡《び》・高宮《たかみや》・忍海《おしぬみ》の四つの邑《むら》の漢人の始祖である。

微叱己智波珍干岐は、『三国史記《さんごくしき》』に奈勿《なぶつ》王《(もつ)》（奈勿尼師今《にしきん》）の子未斯欣《みしきん》と記す人物で、実聖《じっせい》王（実聖尼師今）の元年（西暦四〇二）に倭の質となり、訥祇《とつき》王（訥祇麻立干《まりつかん》）の二年（四一八）に、倭国より逃げ還《かえ》ったとある。また毛麻利叱智は同書の列伝にみえる朴堤上のことで（分注に朴堤上の名を「或は毛末《もま》と云ふ」と記し、『書紀』の名と類似する）、同じく『三国遺事《さんごくいじ》』にも、那密《なみつ》（奈勿）王の三十六年（三九〇）に美海（未叱喜にも作る。未斯欣のこと）が倭の人質となり、訥祇王十年（四二五）に新羅に逃れたとあり、朴堤上の名がここでは金堤上とされる。

彼我の史料で話の内容が一致すること、人物名もほぼ符合することより、倭の朝鮮出兵の行われた四世紀末から五世紀初頭に、新羅の王族が倭の人質となり、その後間もなく本国に逃げ還ったことは、歴史的事実とみて誤りないと思われる。ただ葛城襲津彦は本来、この人質事件とは無関係とすべきであろう。襲津彦の対外的な軍事行動にあわせて「四つの邑の漢人」の祖の渡来を説く伝承が、これとは別に存在し、『書紀』はそれを人質の話と結び付けて語ったとみられる。蹈鞴津（慶尚南道多大浦）は古代の要津であり、草羅（歃良）城（慶尚南道梁山）も新羅から加耶《かや》への進出路に位置する軍事的要衝であった。日本と新羅の交戦地として著名なこれらの地名をあえて持ち出すことにより、無理に話の辻褄を合わせようとした作為の跡が読み取れるのである。

葛城襲津彦と「四つの邑」

葛城襲津彦は『古事記』孝元天皇段には葛城長江曾都毘古と記し、建《たけし》内宿禰《うちのすくね》の七男の一人で、玉手臣・的《いくは》臣・生江《いくえ》臣・阿芸那《あぎな》臣の祖とされる人物である。その女の磐之媛《いわのひめ》（石之日売）命は、記紀（『古事記』と『書紀』をあわせて、以下このように略記）によれば、仁徳天皇の皇后（大后《おおきさき》）で、履中《りちゅう》・反正《はんぜい》・允恭《いんぎょう》三天皇の母とされる。すなわち襲津彦は五世紀の大和の有力在地土豪、葛城氏の始祖に当たる人物で、『紀氏家牒《きしかちょう》』に「大倭国葛城県長柄里」に家居したと記すように、大和国葛上郡の長柄《ながら》（現奈良県御所市名柄）の地とその周辺が、その本拠であった。長柄はもと「ながえ」と訓《よ》まれたようで、「長江曾都毗古《そつひこ》」の「長江」はこの地名に由来すると思われる（池田末則氏の説、『御所市史』一九六五年）。記紀には磐之媛命が葛城を望んで、「我が見が欲《ほ》し国は　葛城高宮　我家《わぎえ》のあたり」との歌を詠んだとあるが、高宮は『書紀』神功五年条の「四つの邑《むら》」の高宮邑のことで、長柄から御所市森脇にかけての一帯を、この高宮邑に比定することができる。

森脇は名神大社の葛城坐一言主《かずらきにいますひとことぬし》神社の鎮座地であるが、葛城の一言主神は記紀雄略天

図1　葛城坐一言主神社（宮永廣美氏提供）

皇条にみえ、とくに『古事記』では天皇を完全に屈伏させるほどの神威を持った大神として描かれている。『釈日本紀』巻十二所引『暦録《れきろく》』には或説を引いて、天平宝字八年に土佐から復祠されたこの神を高賀茂朝臣田守らが迎え、「葛城山東下高宮岡上」に奉鎮したとする。森脇の地が高宮邑に属したことは、これによって明らかであろう。「高宮」の地名は、葛城氏の「高殿《たかどの》」（居館や祭殿として使われた高層建築物）がこの地に存在したことに因む名称とみられるが、あるいは葛城坐一言主神社の社地が小高い台地上に位置することから、その立地条件に基づき名付けられたとみるべきかもしれない。

高宮邑は、『和名抄』の大和国葛上郡高宮郷の地である。同様に「四つの邑」の桑原邑は、現在地は不詳であるが、『和名抄』の葛上郡桑原郷を指す。佐糜《さび》邑は葛上郡内の佐《さ》味《び》・鴨神《かもがみ》（現御所市）の一帯に比定され、忍海邑は葛上郡と葛下郡に挟まれた小郡の忍海《おしぬみ》郡（現北葛城郡新庄町南部と御所市の一部）の郡域に当たる。漢人の居住した「四つの邑」は、葛城地方の襲津彦の拠点とその周辺地域に展開していることが知られるのである。

葛城襲津彦の所伝

葛城襲津彦の所伝は、『書紀』の神功紀・応神紀・仁徳紀に五条にわたって記される。いずれも将軍・使人として朝鮮に派遣された内容からなるが、神功紀六十二年条では本文の襲津彦に該当する人物として、分注に『百済記』を引用し、沙至比跪《さちひこ》の活動を記している。このためソツヒコとサチヒコを同一人とし、『百済記』の壬午年を『書紀』の紀年を修正して干支二運下げ、西暦三八二年のこととすると、襲津彦は四世紀末～五世紀初めに新羅征討を行った実在の人物で、多数の捕虜を連れ帰った勇将として伝承化されていたと推測することが可能になる（井上光貞「帝紀からみた葛城氏」、同氏著『日本古代国家の研究』〈岩波書店、一九六五年〉所収）。

しかし神功紀所引『百済記』の沙至比跪の記述は説話的な色彩が濃く、分注後半に「一云」として掲げる別伝（沙至比跪の名で記されるから、『百済記』と同種の史料であろう）にも、沙至比跪の死に至る経緯が劇的なタッチで描かれるので、沙至比跪が襲津彦を指すとしても、分注の記事をすべて史実とみなすことは控えるべきである。磐之媛命が記紀に仁徳の皇后で、履中《りちゅう》以下三天皇の母とされる以上、その父の葛城襲津彦の名は、当然、記紀の原資料たる帝紀に記載されていたとみなければならず、襲津彦が早くから世に知られた存在であったことは疑問の余地がないが、襲津彦が実在の人物かどうかは、それとはいちおう、切り離して考える必要があろう。

葛城氏の性格と葛城の土豪たち

記紀は襲津彦以後の葛城氏の一族の男子として、葦田宿禰《あしだのすくね》や玉田宿禰、円大臣《つぶらのおおおみ》（円大使主《おおみ》・都夫良意富美）、蟻《あり》臣の名を挙げる。そして円大臣以外は、記紀が断片的に掲げる続柄記事を通して、襲津彦からこれらの人物に至る系譜を復原することが可能である。ただ玉田宿禰を『書紀』は一方で襲津彦の孫（允恭紀《いんぎょうき》）、他方で子（雄略紀）とし、互いに矛盾する。また出自不詳の円大臣について、『公卿補任《くぎょうぶにん》』は彼を玉田宿禰の子とするが、『紀氏家牒《きしかちょう》』の逸文には葛城葦田宿禰の児が、履仲・反正・允恭・安康の四朝に仕えたと記している。『書紀』履仲二年十月条などの記事と対応させると、「葛城葦田宿禰の児」は円大臣を指すことが明らかであるから、ここでも齟齬《そご》が生じる。要するに襲津彦より後の系譜はいずれも確定的とは言えず、各人物の続柄はその事績や伝承にあわせて、後から造作された疑いが持たれるのである。

　葛城氏については、葦田宿禰系と玉田宿禰系の二つの系統に峻別《しゅんべつ》して考える見解が近年有力視されているが、系譜そのものが本来的なものでないとすれば、系譜区分に依拠したこのような二系統論がはたして妥当性を持つかどうかはすこぶる疑わしい。むしろ葛城氏とは葛城地方の各地に割拠した土豪たちの構成する地域的な政治連合体の総称と理解すべきではなかろうか。氏（ウジ）とは、そもそも王権への隷属・奉仕を前提として成り立つものである。後述するように、大和政権が大王を盟主としつつも、王権の力が相対的に弱く、連合政権的な段階にとどまっていた五世紀後半〜末期以前には、ウジは厳密にはまだ存在しなかったと考えなければならない。

葛城襲津彦の「葛城」とは、すでに説かれているように、ウジではなく地名を表したものとみるべきである。ただ葛城地方の土豪たちは、外部勢力と政治的に対峙する必要上、共通の利害関係で結ばれており、結束を維持するために互いに擬制的な同族関係を形成していた可能性が大きい。襲津彦はこのような同族的結合の要となる象徴的存在として位置づけられた人物なのであろう。当初、彼らの中核となったグループは、葛上郡の高宮邑に拠った土豪の一派とみられ、その勢力は古代に掖《わき》（腋）上《がみ》と呼ばれた地（現御所市の平坦部を指す広域的な地名）の全域に及んでいた。襲津彦が実在したとすれば、彼はこの盟主的土豪グループの始祖に当たる人物とみることができるが、ただこの人物の実像と記紀（とくに『書紀』）描くところの襲津彦像とは必ずしも一致するものではなく、厳密には前者は後者のモデルになった人物と理解すべきであろう。

すなわち『書紀』の襲津彦像は、特定の人物の歴史的実像を伝えているのではなく、四世紀末から五世紀初頭の倭の対朝鮮外交や軍事行動に関与した葛城地方の土豪たちの活動を、襲津彦という一人の人物に収斂《しゅうれん》し、伝承化したものであったと思われる。『書紀』の襲津彦に関する記事が、後述する応神紀の二条を除くと、互いに脈絡がなく孤立しているのは、このためであろう。『万葉集』（巻十一・二六三九）には、

葛城の　襲津彦真弓　荒木にも　憑《たの》めや君が　わが名告《の》りけむ

との歌があり、「葛城襲津彦の持つ新木の真弓のように」との表現が用いられている。襲津彦の名が、後の時代まで広く世に知られていたことが分かるが、襲津彦はここでは完全に伝説化された軍事的英雄として扱われている。これは襲津彦像の原型が葛城地方の不特定多数の武将の群像のなかにあり、当初から「個」としての実在感の乏しい存在であったことと無関係ではあるまい。

「四つの邑の漢人」

ここで「四つの邑の漢人」について、もう少し細かく検討してみよう。漢人とは、漢氏のもとに従属し、手工業技術や学術・知識をもって、集団的に王権に職務奉仕した渡来系の人々を表す称号であり、その長を村主《すぐり》と称した。村主・漢人は後にウジ・カバネ化するが、『坂上系図《さかのうえけいず》』所引『新撰姓氏録《しんせんしょうじろく》』逸文《いつぶん》（現在伝わる『新撰姓氏録』は抄録本であり、原本は散逸して今はない。『坂上系図』に引く逸文は原本の右京諸蕃上・坂上大宿禰条〈坂上氏は奈良中期以降、東漢氏の宗家的地位を占めた一

族〉の内容を伝える貴重な逸文である）には、応神朝に阿智王《あちおう》（阿智使主《あちのおみ》）とともに帰化した「七姓漢人」の子孫一四氏と、仁徳朝に高麗（高句麗）・百済・新羅などから大挙して来朝した阿智使主の「本郷《もとつくに》の人民《たみ》」の後裔の村主姓氏族三〇氏の名を列挙している。

坂上氏は、要するにこれらの諸氏がかつて東漢氏の支配の及んだ村主・漢人集団であると主張しているのであるが、後者の村主姓氏族三〇氏中には高宮村主・忍海村主・佐味《さび》村主・桑原村主の名が認められ、ウジの名が神功紀の「四つの邑」の邑名と一致するので、彼らはそれぞれの邑の漢人を率いた村主であったことになる。さらに言えば、「四つの邑」の村主・漢人の前身は、四世紀末以降のある時期に葛城の地に移住し、葛城氏（以下、葛城地方の土豪たちの連合体を、便宜的にこのように記す）に私的に隷属した渡来系の人々とみて差し支えない。「四つの邑」の渡来系集団は、葛城氏の主要勢力が滅亡し、王権がこの地に県《あがた》（葛城県）を設置して、その直接支配を行うようになる時期に、改めて東漢氏系の村主・漢人に編入されたとみられるのである。

それでは彼らが葛城地方に移住し、「四つの邑」に分かれて定着するようになったのは、いったい、いつごろからなのであろうか。実は近年、御所市の金剛山《こんごうざん》東麓の丘陵地帯から渡来人の集落や工房の跡が次々と発見され、五世紀の前半から半ばには、すでに多くの渡来系集団がこの地に居を構え、さまざまな手工業製品を大量に生産していた事実が明らかになりつつある。しかも彼らは「四つの邑」のいずれかの集団と結び付く蓋然性が高いと思われる。以下、この点を検証してみよう。

葛城地方の渡来人

南郷遺跡群と渡来系工人

一九九二年度から一九九九年度まで八ヵ年にわたって奈良県立橿原考古学研究所が御所市南郷《なんごう》・佐田《さだ》・下茶屋《しものちゃや》・多田《おいだ》地区で行った発掘調査は画期的な成果を収めた。遺跡の範囲は東西一・四㌔、南北一㌔で、面積は約一・四平方㌔に及ぶが、ほぼそのすべてにわたって古墳時代の集落が広がっている。現在は遺跡全体を南郷遺跡群と総称し、遺跡群内の各所で検出される遺跡を大字・小字名によって、南郷角田《かどた》遺跡とか下茶屋カマ田遺跡と呼んでいるが、古墳時代の南郷遺跡群は渡来系工人の集落と工房を主体とした遺跡の集合体である。

いま南郷遺跡群の発掘調査報告書（橿原考古学研究所編『南郷遺跡群』Ⅰ・Ⅱ、Ⅳ・Ⅴ

〈Ⅲのみ未刊〉、一九九六〜二〇〇一年）や、各遺跡の発掘調査概報（同研究所編）に基づき、南郷遺跡群のあらましについて述べると、まずこの地に集落が形成されるようになる時期は五世紀の第2四半期（紀元四二六〜四五〇年）である。このころ、南郷角田《かどた》遺跡の工房では、金属・ガラス・鹿角《ろっかく》などを用いて、遺跡群全体を支えるような大規模かつ複合的な生産活動が行われる。しかも大量の韓式土器を伴出することから、生産に従事したのは渡来系の人々と推測される。また南郷柳原遺跡では同じ時期の石垣をともなう大壁建物が検出されている。大壁建物は渡来人特有の建物とみられるから、近くの井戸井柄《いどいがら》遺跡で検出された五世紀中葉ごろの石垣をともなう掘立柱建物とともに、一般の工人を統括した渡来系有力者の居館とみなすことができる。

　下茶屋カマ田遺跡や佐田柚《ゆ》の木《き》遺跡では、五世紀第2四半期の竪穴住居から鉄滓《てっさい》や鞴《ふいごの》羽口《はぐち》の鍛冶関係遺物が出土し、韓式土器や初期須恵器も伴出している。さらに前者の遺跡からは緑色凝灰岩（グリーンタフ）を管玉《くだたま》に加工する際の未製品や遺物が、後者からはガラス小玉の鋳型が出土し、大壁建物も検出されている。井戸キトラ遺跡でも同時期の鉄滓や鞴羽口が出土しており、これらの遺跡は渡来系工人の住居と推断して差し支えない。さらに南郷千部《せんぶ》遺跡も出土遺物から、窯業生産や鍛冶生産を行った渡来系工人の小集落と推測されている。

南郷遺跡群では、五世紀中葉以降も渡来系工人の継続的な生産活動が行われ、集落が形成されている。大壁建物も南郷井柄《いがら》・南郷生家《しょうけ》・南郷安田（第三地区）の各遺跡から検出されており、また井戸大田台遺跡では五世紀後半ごろの、遺跡群全体とかかわるとみられる大規模な倉庫が発見されている。発掘調査を担当した青柳泰介氏は、南郷遺跡群の各遺跡を一般成員居住区域、中間層居住区域、生産区域、貯蔵区域、祭祀区域に区分できるとし、同じく調査担当者の坂靖氏は、この遺跡群が計画的な「工業団地」として出現した事実を推測される（青柳泰介「南郷遺跡群〈南郷岩田・南郷鍋田・井戸大田台・南郷田鶴・佐田柚ノ木地区〉発掘調査概報」『奈良県遺跡調査概報一九九七年度』、坂靖『南郷遺跡群』Ⅳ、二〇〇〇年）。

したがって南郷遺跡群については、五世紀の第2四半期に、葛城氏の手によって渡来系の技術者集団が計画的にこの地に配置され、大量の手工業製品が複合的・機能的に生産され始めたこと、生産された製品は葛城氏に私的に所有され、この氏の富と権力の原動力となったこと、葛城氏滅亡後は、王権直轄の葛城県が設置され、技術者集団の再編成が行われ、東漢《やまとのあや》氏のような統括的伴造の管掌のもとに、従来の生産体制が継続・維持されたこと、ほぼ以上のごとき歴史的段階を経過したと推定することができる。

高宮邑・桑原邑と南郷遺跡群

青柳氏の区分によれば、南郷遺跡群の南端に位置する南郷安田遺跡や南郷大東《おおひがし》遺跡は祭祀エリアに相当する。南郷安田遺跡の発掘調査では、同遺跡の第一地区より、三重の柱列からなる五世紀代（五世紀中葉以前か？）の正方形プランの大型掘立柱建物が検出されている。床面積は外側柱列まで含めると二八三・五平方㍍に及び、内側の柱列は身舎《もや》、中央のものは庇《ひさし》、外側のものは縁か孫庇、柵などと考えられる。建物の性格については、祭殿もしくは豪族居館の主屋と推察されるが、どちらにせよ、前述した「高殿」と呼ばれる高層建築物であったことは間違いない。

南郷安田遺跡の第一地区からは、他の遺跡に共通してみられる渡来系の遺物がまったく出土していない。しかもその南西約二〇〇㍍の地に南郷大東遺跡があるが、ここからは大型木樋《もくひ》を用いた五世紀前半の導水施設が検出されており、この施設は浄水を取って生産を祈念した祭祀遺構と考えられている。そのため、これらはともに、南郷遺跡群の渡来人を掌握していた豪族（葛城氏）の祭祀の場であったと推測できる。南郷安田遺跡が祭殿だとすれば、祭祀を執行した豪族の居館はこれとは別の所に存在したとみなければならないが、

図 2　古墳時代の南郷遺跡群

〔網かけは集落、●竪穴住居、▼掘立柱建物、■大壁建物、黒ぬり・破線は川を示す〕（『南郷遺跡群IV』奈良県立橿原考古学研究所，2000年，296頁より）

その場合、南郷遺跡群の北方に近接して、名柄や森脇の地のあることが注目される。すなわち南郷遺跡群の渡来人たちは、葛城の土豪たちのなかでも当初、盟主的地位を占めた高宮邑《むら》の土豪グループ（前述）の直接支配下に置かれていた可能性が大きいと思われる。

高宮邑の名柄の地では、五世紀後半〜六世紀前半の石垣を積み上げて護岸した豪族居館の一部が検出され、居館内に設けられた工房跡とみられる竪穴住居も発見されている（藤田和尊「奈良県御所市名柄遺跡」『日本考古学年報』四二・一九八九年度、吉川弘文館）。名柄遺跡の居館がそれ程大規模でなく、渡来系要素の強い工房が付属することから、南郷遺跡群における南郷柳原遺跡や井戸井柄遺跡のケースと同じく、居館の主は、一般工人を率いた階層、すなわち渡来系技術者集団の有力者層と判断してよいであろう。

そうすると南郷遺跡群同様、名柄遺跡の地でも渡来系の工人が手工業生産に従事していたことがうかがえる。和田萃氏はこの遺跡の工人たちを、「四つの邑」の高宮邑の漢人に結び付く人々とする。そして前述のように、佐糜邑が御所市の佐味・鴨神一帯に、忍海邑が旧忍海郡の郡域に比定できることから、残る現在地不詳の桑原邑（桑原郷）の所在を南郷遺跡群の地に求め、この遺跡群の工人こそが桑原邑の漢人であったのではないかと推測される〈和田萃「渡来人と日本文化」、岩波講座『日本通史』第三巻〈岩波書店、一九九四年〉

所収)。これに対して坂靖氏は、高宮邑(高宮郷)の範囲を森脇・名柄から南郷遺跡群に至る一帯としてとらえ、南郷遺跡群の工人を高宮邑の漢人と理解されている(『南郷遺跡群Ⅳ』)。

いずれとも決しがたいが、高宮邑の中心が葛城襲津彦《かずらきのそつひこ》の名と結び付く名柄や、葛城の一言主神《ひとことぬし》の鎮座地の森脇であることはいうまでもない。したがってこれに隣接する御所市の宮戸《みやど》や豊田、寺田などをあわせた一帯が、高宮邑(高宮郷)の範囲とみるべきではなかろうか。南郷遺跡群のうち、北部の多田地区などは高宮邑に含まれる可能性もあるが、坂氏のように南部の南郷地区辺りまでをもその範囲内と考えてよいか、若干、疑問も残る。

下茶屋地蔵谷遺跡では一九九三年に木簡二点が出土し、うち一点には「□奴原五十戸」(□は一字分欠損)という地名が記されていた。「五十戸」は七世紀後半の「さと」を意味する表記法で、後の行政単位「里」に通じる。『和名抄《わみょうしょう》』をはじめとして、古代の史料にみえる葛上郡の郷名(里名)や村名には、桑原・楢《なら》(柞)原《はら》・柏原《かしはら》・茅原《ちはら》のように、「某+原」の地名が認められるが、「□奴原」に該当する地名は存在しない。楢原・柏原・茅原はいずれも現在、御所市に大字名が残り、南郷遺跡群とは異なる地域に所在するので、南郷遺跡群の近辺に桑原里の里家があり、この里の旧名が「□奴原」であったと解することもまったく不可能ではない。しかしこの解釈にはいささか無理があり、むしろ木簡は他所から持ち込まれたとみるのが妥当であろう。決め手を欠くが、ここでは和田氏の説に従って、南郷遺跡群をいちおう、桑原邑に比定しておくことにしたい。

ただこのような詮索自体、あまり意味がないようにも思われる。南郷遺跡群を桑原・高宮どちらの邑に比定するにせよ、五世紀第2四半期に、渡来系技術者が葛城氏により集団的にこの地に配置され、手工業生産に従事するようになったことは紛れもない事実である。忍海《おしぬみ》郡の七世紀後半の寺跡、地光寺《じこうじ》跡の下層にある新庄町の脇田《わきだ》遺跡からは、鉄滓や鞴羽口が大量に出土しており、脇田遺跡とその周辺で鍛冶生産が行われ、おそらく忍海邑の漢人とつながる工人たちがその生産に当たったと推測することができる。地光寺は、漢人を指揮した忍海村主《すぐり》（後に造《みやつこ》・連《むらじ》）の氏寺とみて支障ないであろう。佐糜邑に比定される御所市の佐味・鴨神の辺りにも鉄滓の散布地が広がり、和田萃氏（前掲論文）が指摘するように、この地域一帯が鍛冶に適した立地条件を備えている。

朝鮮系住民の葛城地方移住

五世紀前半〜中葉に渡来系工人の手工業生産が行われた形跡は、南郷遺跡群を除くと葛城地方では未確認であるが、規模の差はあれ、葛城地方の各所で南郷遺跡群と同じころに、渡来系工人の生産活動が開始されたと推断して差し支えないであろう。神功《じんぐう》紀の「四つの邑」の漢人の渡来伝承は、その意味で史実の一端を伝えているとみることができる。もちろん、彼らが本当に俘虜《ふりょ》として連行された人々なのかどうかは定かでないし、記紀の襲津彦像は、既述のごとく実在のモデルの有無にかかわらず、実態的には四世紀末から五世紀初頭の倭の対朝鮮外交や軍事行動に参加した葛城地方の土豪たちの活動を、一人の英雄的な武将の姿に託して語ったものにすぎなかった。しかし少なくとも、このような豪族たちの活動を通して、四世紀末以降、おそらくは五世紀初頭から前半にかけて、葛城地方に多くの朝鮮系住民が移住してきた事実を、神功紀の伝承から読み取ることが可能のように思われる。

葛城襲津彦と秦氏の渡来伝承

『書紀』によれば、襲津彦は「四つの邑」の漢人だけでなく、弓月君《ゆづきのきみ》（秦氏の始祖）の配下の民を、加羅《から》（加耶《かや》）から召喚する使者の役割も果たしている。弓月君は応神十四年に百済から帰化するが、彼が率いた百二十県《こおり》の人夫《たみ》（民）は、新羅の妨害により加羅にとどめ置かれたので、葛城襲津彦を派遣して、人夫を加羅から召そうとした。ところが三年経っても襲津彦が帰還しなかったので、応神十六年に天皇は平群木菟《へぐりのつく》宿禰と的戸《いくはのと》田《た》宿禰に精兵を授け、新羅の国境まで遣わした。新羅王は恐懼《きょうく》して罪に服し、人夫らは襲津彦とともにやって来たと記している。

右の伝承では、始祖とその支配下の民の帰化の時期に前後差を設け、朝鮮半島に抑留されていた民が、後から大挙して来日するという筋立てを取るが、『続日本紀《しょくにほんぎ》』延暦四年六月癸酉条の坂上苅田麻呂《さかのうえのかりたまろ》の上表や『坂上系図』所引『新撰姓氏録《しんせんしょうじろく》』逸文《いつぶん》（前述）に掲げる阿智王の渡来伝承も、これとほぼ同じプロットより成る。両伝承が酷似するのは、秦氏や東漢氏が、互いに競ってその氏族的優勢を誇示しようとしたためで、あたかも移住の段階から始祖が膨大な数の集団を率いたように見せることで、秦人や漢人を率いる大伴造としての歴史的正統性を説こうとしたものにすぎない。ただそのような造作とは別に、襲津彦が『書紀』の弓月君の伝承中に使者として登場することは、そこになんらか歴史的な意味が含まれているとみるべきであろう。

『新撰姓氏録』山城国諸蕃の筆頭に掲げる秦忌寸《はたのいみき》の本系には、応神十四年に功智《こうち》王（物《ぶっ》智《ち》王にもつくる）と弓月王が来朝し、表を上《たてまつ》った後、いったん本国に帰り、百廿七県の伯《た》（佰）姓《み》を率いて帰化したとし、続けて、

天皇、嘉《め》でたまひて、大和の朝妻《あさづま》間の腋上《わきがみ》の地を賜ひて居《お》らしめたまひき。

と記している。

腋上は既述のごとく、御所市の平坦部を指す広域地名であり、朝妻間（朝妻、朝嬬）も記紀や『万葉集』にみえる古地名で、御所市の朝妻の地に当たる。すなわち、『書紀』に襲津彦とともにやって来たとする秦氏の始祖やその配下の民は、『姓氏録』（以下、『新撰姓氏録』を『姓氏録』と略記）では葛城地方の朝妻間に居所を与えられ、そこに住んだとされるのである。しかも『聖誉鈔《しょうよしょう》』下、広隆寺条に引く『広隆寺《こうりゅうじ》造寺《ぞうじの》勅使《ちょくし》大《だい》花上《かじょう》秦造《はたのみやつこ》川勝臣本系図《かわかつのおみほんけいず》』に掲げる秦氏の祖の譜文《ふぶん》のうち、秦酒《さけ》公の譜文の一節には、

秦々氏大数八十八首。是葛木《カツラキノ》曾都比古手《ソトヒコテ》ニ在二テ豆麻乃加知《ウツマサノカチ》槻田加知等《ツキタノカチラ》一ニ（原文のまま）

とある。

このままでは文意がとれないが、佐伯有清氏は「秦々氏大数八十八首」を、「秦氏のおおよその数は八十八首であって」の意に解され、さらに「是葛木《カツラキノ》曾都比古手《ソトヒコテ》ニ在テ」の表記が通常の漢文表記とは異なるので、「在」の字のあたりに脱字や誤写が存在した疑いがあるとし、「在」の上に「阿」の字を補い、「在」は「佐」の誤りとみて、原文には、

是葛木曾都比古手阿佐豆麻乃加知槻田加知等（是れ葛木曾都比古の手の阿佐豆麻の加知、槻田加知等）。

と記されていたのではないかと推察する。そしてこの後に続く譜文が、『姓氏録』山城国諸蕃筆頭の秦忌寸条とほぼ同文であることなどから、右の一節が『姓氏録』原本の逸文である可能性を指摘されている（『新撰姓氏録の研究』考証編六、吉川弘文館、一九九三年）。

しかし右の譜文自体が、当初から日本語の語序に従った変体漢文（和化漢文）で書かれていた可能性も一概に否定できない。この譜文は通常の漢文表記をとる『姓氏録』の原本とは出典を異にするとみた方がよいのではないか（加藤謙吉『秦氏とその民』白水社、一九九八年）。ただ訓読などは伝写の過程で二次的に付け加えられ、誤字や脱字もあったとみるべきであるが、「豆麻乃加知」や「槻田加知」が曾都比古の支配下に属した（「曾都比古手在」）とする伝承は、他にみえない独自のものである。

「槻田」は佐伯氏が指摘されたように、葛下郡の式内社、調田《つきだ》坐《にいます》一言《ひとこと》尼古《ねこ》神社の鎮座地（現新庄町疋田《ひきだ》）の名にちなむ。「豆麻乃加知」の「豆麻」（ツマ、ヅマ）も、この前後に脱字があると推察されるが、あるいは原文には「禹豆麻佐」などとあり、山背秦氏の拠点の一つの太秦《ウズマサ》を指すとみるべきかもしれない。しかし「槻田」との地域的な整合性という点を考慮すると、脱字はやはり「阿」「佐」（「沙」）で、原文には「阿佐（沙）豆麻」と記されており、葛城の朝妻間の地を表したとみるのが妥当であろう。『姓氏録』の逸文でないにしても、この譜文もまた内容的には秦氏の然るべき古伝に依拠したと判断してよいと思われる。

そうすると秦氏やその配下の民についても、「四つの邑」の漢人の場合と同様に、葛城襲津彦が彼らをこの地に率いてきたという伝承が古くから存在し、しかもそれが内容的に一定の歴史的事実をふまえたものであったことがうかがえるのである。山背秦氏の前身となる集団が、腋上の朝妻間の地など五世紀代の葛城地方に居住し、葛城氏によって私的に掌握されていた事実を推察してよいと思われる。

葛城から山背へ・秦氏の性格

ここで秦氏について簡単に私見を述べておきたい。筆者は秦氏の氏族組織について、通説とは異なる考えを持っている（前掲書）。すなわち秦氏とは、一般のウジと異なり、朝廷への貢進物たる調（ミツキ）を納め、王権に奉仕することを目的として、山背を中心に各地の渡来人勢力を糾合して成立した擬制的な巨大氏族組織である。組織が成立する時期は六世紀半ばごろであるが、貢進物の中心が糸・綿・絹織物などの養蚕・機織製品であったため、織機および織成された繊維製品を表す語であるハタにちなんで、ハタの氏名が成立したとみられる。調を納める主体は、秦人と呼ばれる渡来系の集団で、国造制やミヤケ制の成立・発展にあわせて、王権の手により畿内や地方の首長の支配下にあった渡来系の住民が割《さ》き取られ、貢調の民として秦氏の下に編入されたものである。日本人の農民で構成される秦人部・秦部がさらにその下に付属し、秦氏の貢納組織を経済的に支える役割を果たした。

秦氏の氏族組織とその支配構造を以上のように考えてよいとすれば、五世紀の葛城地方に居住していた渡来系の集団が、葛城氏滅亡後に山背の深草《ふかくさ》（紀伊郡）や葛野《かどの》（葛野郡）などの地に移住し、秦氏の氏族組織の編成とともに、その中核的存在になったと推察することができる。詳細は別稿に譲るが、その時期は六世紀に入ってからであり、おそらく王権による強制という形を取って移住が行われたと思われる。

山背へ移住した渡来系の人々は、秦系集団以外にも存在したようで、平林章仁氏は朝妻間の地を本拠とした朝妻造が、『新撰姓氏録』に、山背国の紀伊郡を拠点とした末使主《すえのおみ》や木使主《きのおみ》・木勝《きのまさ》と同祖とされることから、紀伊郡のこれらの氏は、朝妻間から山背へ移った者たちであろうと推察されている（『蘇我氏の実像と葛城氏』白水社、一九九五年）。同様に『古事記』仁徳段には、天皇と八田若郎女《やたのわかいらつめ》との結婚に嫉妬した大后《おおきさき》の石之日売命《いわのひめのみこと》（葛城襲津彦の女）が、山背の筒木《つつき》（綴喜郡）の韓人《からひと》、奴理能美《ぬりのみ》の家に入った話を掲げるが、これも奴理能美の後裔と称した山背の調《つき》連（首）・民《みたみ》首・伊部《いべ》造などの諸氏（百済系）と葛城地方との歴史的なつながりをふまえて作られた所伝とみることができ、彼らが葛城地方からの移住者であった可能性を示唆する。

葛城氏の滅亡にともない、葛城地方の渡来人の境遇には大きな変化が生じたと思われる。葛城県を設置し、この地を直接支配するようになった王権は、彼らに対しても新たな統治策で臨み、その結果、葛城氏に従属していた現地の渡来人たちは、そのまま葛城地方にとどまるグループと、新たな土地開発のため山背をはじめ、畿内やその周辺諸地域に移住させられるグループに二分されたのではなかろうか。「四つの邑の漢人」や朝妻造らは前者に属し、秦氏や末使主・木使主・木勝、さらには奴理能美の後裔氏族らは後者に属したとみることができよう。

葛城地方の渡来系工人

ところで、王権が移住をともなう渡来系諸集団の再編成を行ったということは、換言すれば葛城地方の渡来人の総数がそれだけ多かったことを意味しよう。しかも彼らの大半は、南郷遺跡群の遺跡のあり様に示されるごとく、大掛かりな手工業生産に従事する工人たちで占められていた。いま、煩を顧みず、古代の史料に現れる葛城地方の渡来系工人の名を列挙すると、次のようになる。

まず『元興寺《がんごうじ》伽藍《がらん》縁起《えんぎ》并《ならびに》流記《るき》資財帳《しざいちょう》』所収の「塔露盤銘《とうろばんめい》」には、丙辰《ひのえたつ》の年（推古四年

〈五九六〉）に完成した飛鳥寺《あすかでら》の塔の「作金人」として、意奴弥《おぬみ》首辰星や阿沙都麻《あさつま》首未沙乃の名を記している。「意奴弥」は忍海、「阿沙都麻」は朝妻のことである。忍海首は「四つの邑」の忍海邑の漢人を率いた忍海村主のうち、首のカバネを与えられた者（忍海村主とともに後に造・連に改姓）、朝妻首は前述の朝妻造の旧姓で、同一の氏と推測することができるが、辰星と未沙乃の両人は、「塔露盤銘」に「将《おさ》として諸の手《ひと》をして作り奉らしむるなり」と記すように、一般の工人（手人《てひと》〈才伎〉）たちを統括する指導者的な立場にある技術者であった。

『続紀《しょくき》』（以下、『続日本紀《しょくにほんぎ》』を『続紀』と略記）には、雑戸《ざっこ》（令制の官司に所属した手工業技術者を中心とする集団。雑戸籍に登録され、賤視されていた）の身分から解放された人々の名が随所に認められるが、大宝元年（七〇一）には忍海郡のａ三田《みた》首五瀬《いつせ》が対馬嶋で黄金を冶成した功により（後に五瀬の詐偽であることが発覚）、叙位・賞賜にあずかり、雑戸の号を免じられている。和銅六年（七一三）には、ｂ桉作磨心《くらつくりのとごころ》が錦・綾の織成に抜きんでた技術を持っていたため、栢原《かしはら》村主の氏姓を賜わり、彼とその子孫が雑戸を免じられた。「栢原」は「東大寺奴婢帳」にみえる葛上郡柏原郷（現御所市柏原）の地名にちなみ、磨心は葛城の地の出身者と思われる。ついで養老三年（七一九）には、ｃ朝妻手人竜麻呂とｄ

忍海手人広道が、同四年にはe朝妻金作《かなつくり》大蔵とf同族の河麻呂が、ともに雑戸から解放され、海語連《あまかたり》、久米直、池上君《いけのへ》、河合君の氏姓をそれぞれ与えられている。さらに養老六年にはg伊勢国の忍海漢人安得《あんとこ》、h播磨国の忍海漢人麻呂が誤って雑戸とされていたとの理由で、雑戸の号を除かれた。

　bは前述の『坂上系図』所引『新撰姓氏録』逸文中にみえる鞍作《くらつくり》村主の同族か、またはその管轄下の鞍作部の後裔《こうえい》であろう。c・eは朝妻造（首）に率いられた手人（才伎）や金作部、g・hは忍海村主（忍海首・造・連）の率いる忍海邑の漢人集団の出身で、dもその系列下にあった手人とみられる。gやhは伊勢や播磨の住人であるが、それが葛城地方からの二次的な移住によるものであることはいうまでもない。彼らはいずれも金属工かその系統を引く者とみられ、兵部省造兵司《ぞうへいし》や大蔵省典鋳司《てんちゅうし》所属の雑工戸《ぞうくこ》、宮内省鍛冶《かぬち》司《し》所属の鍛戸《かぬちこ》と呼ばれる雑戸であったのだろう。bの桜作磨心も、『続紀』には高級絹織物の織成の「能工異才」と記すが、鞍（桉）作は職種としては金属工の範疇に含まれるから、本来の技術ではなく、織物生産の技能によって、雑戸を免ぜられたものと推測される。

　すなわち令制下の官司に所属した葛城地方居住（もしくは出身）の雑戸たちは、すべて金属工ということになるが、この事実は南郷遺跡群をはじめとして葛城地方の諸遺跡で、鍛冶関係の遺構や遺物の検出・出土が顕著であることと無関係ではあるまい。この地域の多様な手工業生産品のうち、その中心を占めたのは、武器・武具などに代表される金属器であったと推測される。

葛城氏配下の渡来人

右の工人たちとは別に、葛城地方にはｉ檜前直《ひのくまのあたい》、ｊ俾加《ひか》村主、ｋ檜前調《つき》使《つかい》、ｌ桑原史《ふひと》、ｍ日置《へき》造、ｎ日置倉人《くらひと》、ｏ園人《そのひと》首らの渡来系氏族も存在した。ｉ〜ｋの諸氏は、いずれも『坂上系図』所引『新撰姓氏録』逸文に名がみえ、ｉの檜前直は東漢《やまとのあや》氏を構成する枝氏（東漢氏の氏族組織については後述）の一氏である。ｊの俾加村主は、阿智使主の「本郷の人民」の後裔で、朝妻間の避介《ひか》の地を拠点とした村主姓氏族、ｋは阿智使主（阿智王）とともに帰化した「七姓漢人」の多《た》姓の後裔氏とされる氏で、ともに東漢氏配下の村主・漢人に属する。ｌの桑原史も、「四つの邑」の桑原邑の村主・漢人集団の出身で、桑原村主とは同族であるから、やはり東漢氏の系列下の氏とみることができる。

ｍ〜ｏは『姓氏録』大和国諸蕃にみえ、ｍとｎは葛上郡日置郷を本拠とし、互いに同祖関係にある高句麗系の氏、ｏは忍海郡園人郷に拠った百済系の氏である。「園人」は、『古事記』安康段の分注（後述）に、都夫良意富美（葛城円大臣）の領有した「五村の苑人」

がみえ、令制下の宮内省園池司《えんちし》所属の品部《しなべ》である園戸《えんこ》（そのこ）の前身をなす人々である（直木孝次郎『日本古代国家の構造』青木書店、一九五八年）。おそらく苑（園）人たちは、葛城氏滅亡後に設置された葛城県で供御《くご》の蔬菜（甘菜《あまな》・辛菜《からな》）の栽培に当たったのであろうが、もとは都夫良意富美の支配下にあったことはいうまでもない。このほか「東大寺奴婢帳」にみえる柏原造も出自は不明であるが、葛上郡柏原郷（前述）に拠った渡来系の氏族の公算が大である。

これらの氏のなかには、ｉの檜前直やｋの檜前調使のように、葛城氏の滅亡後、東漢氏の勢力の一環として、大和国高市郡の檜前からこの地に移動したとみられるものも存在する。したがって先の工人たちも含めて、葛城地方の渡来人のすべてが、五世紀代から葛城地方に居住していたわけではは、もちろんない。王権とともに二次的に他地域より進出した者たちの存在も十分に考慮する必要があろう。ただこれまで述べてきた遺跡・伝承の調査・分析結果をふまえて全体を概観してみると、やはり彼らの多くは葛城氏の支配下にあって、金属器生産を中心に、さまざまな生産活動に従事した人々の末裔《まつえい》と理解せざるを得ない。

そうするとこのような渡来人の高い生産性に支えられた葛城氏の力はきわめて巨大であ

り、大王家を脅かすに足る存在であったとみることができる。前述したように、筆者は五世紀後半・末以前の大和政権は、まだ王権が微弱で、大王と畿内および各地域の首長たちとの連合政権的な段階にとどまっていたと考えている。葛城氏の実力を念頭に置くと、直木孝次郎氏が説かれるように、実質的にそれは大王と葛城氏の両頭政権の性格を帯びていたと解して大過ないであろう（直木孝次郎「葛城氏とヤマト政権と天皇」、藤沢一夫先生古稀記念『古文化論叢』〈一九八三年〉所収）。

したがって大王家と並ぶ大和政権の一方の雄であった葛城氏が、どのような経緯で滅亡に至ったのか、またこの氏の実体が葛城地方の首長たちの連合体である以上、その滅亡とは具体的にはいかなる形態をとったのかを、次に明らかにしなければならない。前述の葛城氏二系統論の立場から、この氏の滅亡に時期的な前後差を設ける説も提示されているが、そうした見解が成り立ち得るのかどうかを、五世紀後半の政治情勢とからめて論じることも必要となろう。

葛城氏の滅亡

葛城氏と大王家

すでに述べたように、記紀には襲津彦《そつひこ》の後、葛城《かずらき》氏の男子として、葦《あし》田宿禰《だのすくね》・玉田宿禰《たまたのすくね》・円大使主《つぶらのおおみ》（葛城　円大臣《つぶらのおおおみ》、都夫良意富美）・蟻臣《ありのおみ》の名が記される。襲津彦の女《むすめ》の磐之媛《いわのひめ》は仁徳天皇の大后《おおきさき》となって、履仲《りちゅう》・反正《はんぜい》・允恭《いんぎょう》三天皇を生み、葦田宿禰の女黒媛（黒比売命）は履仲妃となり、市辺押羽《いちのべのおしは》皇子を生んだ。市辺押羽皇子の妃で、顕宗《けんぞう》・仁賢《にんけん》の母である荑媛《はえひめ》は、顕宗即位前紀の分注に引く『譜第《かばねついでのふみ》』（帝紀の一種か?）によれば、蟻臣（分注所引の一本に葦田宿禰の子とする）の女とある。また雄略は円大使主の女韓媛《からひめ》（韓比売）を妃として、清寧《せいねい》を儲けているから、仁徳より仁賢に至る九人の天皇のうち、葛城氏の女を生母とするものが六人（履仲・反正・允恭・清寧・顕宗・仁賢）、后妃とするものが三人（仁徳・履仲・雄略）となり、安康を除く八人が葛城氏と関係する人物であったことになる（系図1）。

かかる継続的な婚姻関係の形成は、大王家と葛城氏の政治的連携が、婚姻策によって保たれていたことを示唆しよう。大王家が大和政権の盟主として、政治的にいちおう優位な立場にあるものの、葛城地方の土豪たちは、それぞれ領地と隷属民を所有し、大王の支配から相対的に自立し得る立場にあった。さらに対外的には、彼らは擬制的な同族関係によって、葛城氏という一つの強力な連合体にまとまっていたから、大王家と葛城氏の勢力はほぼ拮抗しており、両者の微妙な均衡関係の上に、当時の政権が成り立っていたとみることができる。

玉田宿禰の伝承

しかしこのような構造の政権は、ひとたび両者の共存関係に亀裂が生じ、バランスが失われると、崩壊の道をたどらざるを得なくなる。記紀はそれを葛城氏の叛乱と滅亡という形で物語っている。『書紀』によると、允恭五年七月に地震が起こり、天皇は尾張連吾襲《あそ》を遣わして反正天皇の殯宮《もがりのみや》の様子を調べさせた。ところが殯宮大夫《かみ》（殯宮を管掌する長官）であった葛城襲津彦の孫の玉田宿禰は職務を怠り、葛城で男女を集め、酒宴を行っていた。事が発覚することを恐れた玉田は吾襲を殺害

系図1　葛城氏系図

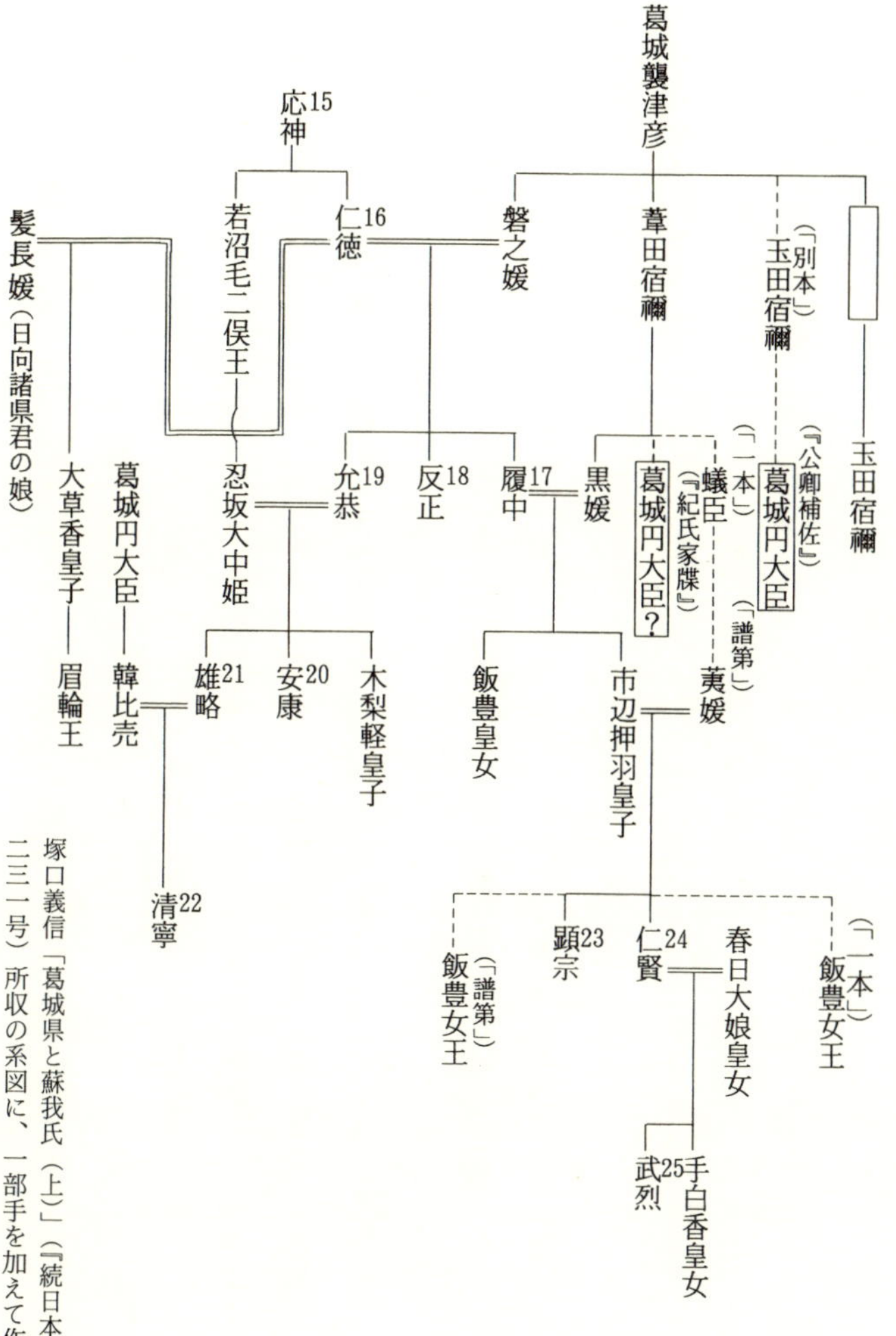

塚口義信「葛城県と蘇我氏（上）」（『続日本紀研究』二三一号）所収の系図に、一部手を加えて作成

し、武内宿禰の墓域に逃げ隠れた。やがて天皇に召し出されたが、武装して参上したため、天皇はさらに兵を設けて彼を殺そうとした。玉田はひそかに逃げ出し家に隠れたが、天皇は兵を発して玉田の家を囲み、捕えてこれを誅殺《ちゅうさつ》したとする。

この伝承でとくに注目すべきは、玉田宿禰が武内宿禰の墓域に逃避し、しかもその墓が玉田の本拠地の葛城に存したとすることである。同様の所伝は『紀氏家牒《きしかちょう》』の逸文《いつぶん》にもみえる。すなわち紀武内宿禰が「大倭国葛城県五処の理（里カ？）に家《いえ》をれり」と記し、その分注に、

今の葛城里、玉手里、博多里、賀茂里、室里など是なり。墓は彼の処に在り。

とする。玉手《たまて》里・室《むろ》里は現在の御所市玉手と室、博多里は御所市三室《みむろ》、賀茂里は高鴨《たかかも》神社鎮座地の御所市鴨神、または鴨都波《かもつわ》神社鎮座地の同市御所の辺りに比定することができる。残る葛城里の所在は明らかでないが、あるいは葛城氏の盟主勢力とのかかわりという視点に立てば、葛上郡高宮（森脇・名柄）の周辺に当てるべきであろうか。いずれにせよ「五処の里」は葛上郡の掖（腋）上の一帯、すなわち葛城地方の中心部を指すとみることができよう。

すると『書紀』や『紀氏家牒』は、御所市室の全長二四六メートルの宮山古墳（室大墓）や同

市柏原の全長一五〇メートルの掖上鑵子塚古墳のような、この地域の大型前方後円墳を武内宿禰の墓と考えていた形跡がうかがえるが、十四世紀後半に成立した『帝王編年記』巻五、仁徳七十八年庚寅条所引の「一書」には、武内宿禰について、

　東夷を勦討《そうとう》し、大和国葛下郡に還り来りて薨《こう》しぬ。室破賀の墓、是なり。

と記し、「室破賀《はか》」をその奥津城《おくつき》とする。

「室」の名（地名）が記される以上、「室破賀」は宮山古墳を指すとみてよいが、「一書」は右の文に続けて、武内宿禰の男子の子孫の氏名の一つとして、「宗岡」の氏名を挙げる。「宗岡（宗岳）」は、元慶元年（八七七）に石川氏や箭口《やぐち》氏が賜わった新氏名であるから、「一書」の成立は元慶年間以降とすべきで、葛上郡を葛下郡と誤って記すことにも後世的な杜撰《ずさん》さが認められる。ただ『書紀』や『紀氏家牒』逸文の所伝とあわせると、武内宿禰の奥津城を「室破賀」とすることは、古くからの言い伝えに基づく公算が大で、墓の在処《ありか》を葛城の掖上地域に求め、しかもそれをこの地域最大規模の前方後円墳である宮山古墳に当てる説が、早い時期、すなわち『書紀』編纂段階には、すでに存在したと考えてよいのではなかろうか。

以上により、玉田宿禰の葛城の家は、武内宿禰の墓の伝承地に近い掖上地域の一角に存

したとみて間違いないと思われる。御所市玉手の小字《こあざ》南浦の別名が「玉田」であることから、蒲生君平《がもうくんぺい》の『山陵志《さんりょうし》』以来、『紀氏家牒』逸文の玉手里の地（記紀や『延喜式』には、孝安天皇の陵墓の所在地として「玉手岡（丘）」がみえる）を、玉田宿禰の本拠地に比定する説が有力視されてきた。ただ「玉田」が古地名である確証はなく、一方、玉手里より興《おこ》ったとみられる氏族に、葛城襲津彦の後裔とされる玉手《たまて》臣（朝臣）（『古事記』・『姓氏録』・『越中石黒系図』・『蘇我石川両氏系図』）がいるので、タマタとタマテの音の類似から、安易にその転訛を想定することにも問題があろう。

もっとも玉手に隣接する柏原の掖上鑵子塚古墳は、五世紀前半築造の宮山古墳より時期的に少し遅れ、五世紀中葉に近いころの築造とみられている。宮山古墳と鑵子塚古墳は直線距離にして二㌔程度しか離れておらず、両古墳の被葬者は、ともに掖上を勢力圏とした葛城氏主流に属する盟主的立場の豪族と考えてよい。宮山古墳の被葬者を葛城襲津彦、鑵子塚古墳の被葬者を玉田宿禰に当てる説があり（白石太一郎「大型古墳と群集墳」『橿原考古学研究所紀要・考古学論攷』第二冊、一九七三年、のち同氏著『古墳と古墳群の研究』〈塙書房、二〇〇〇年〉に収録、塚口義信「葛城県と蘇我氏」『続日本紀研究』二三一・二三二号、一九八四年）、確かにこれらの人物（襲津彦の場合はそのモデルとなった人物）の活動した実年代と古墳の築造期はほぼ一致するので、玉田宿禰についても、玉手や柏原に基盤のあった首長で、その死後、鑵子塚古墳に葬られたとみることができるかもしれない。

　しかし記紀に描かれた伝承性の強い人物を、時期的な一致という理由だけで、特定の古墳の被葬者に当てることは、これといった決め手があるわけでなく、基本的に賛成できない。五世紀前半から中ごろにかけて、掖上地域では、室・高宮（森脇・名柄）と玉手・柏原の両地区に、勢力的に卓越した土豪が存在し、玉田宿禰がそのどちらかの系統に属した事実を確認しておけば、それで十分であろう。

円大使主と「五村の苑人」

　玉田宿禰に次いで叛乱を起こし、滅亡したと伝える葛城氏の人物は、円大《つぶらのお（お）》使主《おみ》である。『書紀』履中二年十月条に、平群木菟宿禰《へぐりのつくのすくね》・蘇我満《ま》智《ち》宿禰・物部伊莒弗《いこふ》大連の三人と国事を執《と》った（国政を担当した）とあり、続いて記紀ともに、安康天皇死後、天皇を暗殺した眉輪《まよわ》（目弱）王を自宅に匿《かくま》ったため、大泊瀬皇子《おおはつせのみこ》（大長谷王子、雄略）に屋敷を包囲され、殺害されたと記している。滅亡に至る顛末は、記紀間で若干の異同があり、『古事記』には円大使主の家に逃げ入ったのは眉輪王一人とするが、『書紀』では大泊瀬皇子の兄の坂合黒彦皇子《さか（あ）いのくろひこのみこ》も眉輪王と行動をともにしたとされる。『書紀』には円大使主が贖罪《しょくざい》のため、女《むすめ》の韓媛《からひめ》と「葛城の宅《いえ》七区」

を献じようとしたとするが、『古事記』は献上した領地を「五処の屯宅《みやけ》」とし、さらにその分注に「謂はゆる五村の屯宅は、今の葛城の五村の苑人《そのひと》なり」と記している。

「五処（村）の屯宅」について、本居宣長（『古事記伝』）や斎藤美澄（『大和志料』）は、これを『和名抄』の忍海郡園人郷に比定する。「園人」の郷名は「葛城の五村の苑人」の居住にちなむものであるが、既述のように、この地は百済系渡来氏族の園人首（『姓氏録』大和国諸蕃）の本拠地であった。すなわち園人首は、園池司（令制官司）所属の園戸（品部）の前身に当たる苑（園）人を率いた伴造である。最初は配下の渡来人とともに葛城氏に隷属し、のち伴造として葛城県で供御《ぐご》の蔬菜（甘菜《あまな》・辛菜《からな》）の生産に従事したのであろう。

園人郷の所在は不明であるが、北葛城郡新庄町辺りに郷域を求めることができる。御所市の楢原には「園池」や「園」の地名が存するが、楢原の地は『和名抄』の葛上郡楢原郷に当たり、園人郷とは別の行政区画に属する。ただ「五村の苑人」と記すように、苑人はもと、円大使主の「屯宅」のあった村々に分散して居住していたとみられるから、「園池」や「園」の地名が古くからのものであるとすれば、楢原が五村の一つであった可能性は一概に否定できない。いずれにせよ、五村のかなめとなる苑人の居住地は忍海郡園人郷であり、同時にこの地は円大使主の所領の中心的な位置を占めていたと思われる。

円大使主の家と葛城県

掖上鑵子塚古墳のある御所市柏原には「ツブラ」の地名が残る。そのため円大使主の家の在処をこの地に求める説もあるが、前述の「玉田」のケースと同じく、古地名かどうか保証のかぎりではない。むしろ筆者は円大使主の家は忍海郡園人郷にあり、「五処（村）の屯宅」・「葛城の宅七区」の表記が示唆するように、ここから葛城の各地（掖上地域をも含む）に勢力を広げる形で、円大使主の領地が展開していたものと推察したい。

『延喜式』祈年祭の祝詞によれば、大和には大王家の直轄料として、高市・葛木・十市・志貴・山辺・曾布の「六御県《むつのみあがた》」があり、『書紀』推古三十二年十月条には「葛城県」の名がみえる。記紀は、円大使主が贖罪のため天皇に所領を献上しようとしたと記すから、その没収された所領が葛城県へと継承されたことは疑いないであろう。後述するように、葛城氏を構成した主要な土豪たちは、円大使主と運命をともにしたと思われる。したがって王権の手に帰した葛城氏の遺領には、円大使主以外のものも含まれるとみなければならないが、そのメインを占めたのは当時、葛城氏の族長的地位にあった円大使主の所領と考えて差し支えない。

葛城県の「御県神《みあがた》」である葛城御県神社は新庄町葛木に鎮座する（旧社地は現社地の一〇〇メートル東方）。『延喜式』には、葛下郡十八座中の大社とされるが、忍海郡は葛上・葛下両郡に挟まれた東西に狭長な小郡であるから、葛下郡の南端にある御県神社と忍海郡園人郷とは、距離的に近い位置にあったとみることができる。塚口義信氏は、鎮座地が新庄町であることから、新庄町付近を葛城県の中心地と推測されるが、その通りであろう（前掲論文）。換言すれば、円大使主は新庄町一帯を最大の拠点としていた確率が高いと思われる。

新庄町新庄には、五世紀後半に築造された復原全長一四五メートルの屋敷山古墳（前方後円墳）がある。新庄町では最大の古墳で、掖上地域の宮山古墳、掖上鑵子塚古墳に次ぐ規模を持つ。葛城氏の盟主クラスの土豪の墳墓とみて間違いないが、築造期は円大使主の滅亡期とほぼ一致する。さらに屋敷山古墳の南には、墳丘長九〇メートルの前方後円墳である新庄神塚古墳があり、屋敷山古墳に先行する五世紀中ごろの築造で、両者は同一の系列に属する古墳と推定されている（奈良県立橿原考古学研究所附属博物館『平成七年度秋季特別展・古代葛城の王』）。

円大使主の墓を屋敷山古墳に比定することは、宮山古墳や鑵子塚古墳のケースと同様、明確な根拠があるわけではないので差し控えたいが、考古学的な知見に基づくならば、鑵子塚古墳が築造されたのとほぼ同じころに、新庄地域では新たな勢力の台頭があり、神塚古墳を経て屋敷山古墳の被葬者の時代に、その力がピークに達したと推察される。したがって記紀の伝承が示すように、円大使主が葛城氏を代表する族長的地位に就いていたとすると、彼の基盤が置かれた地域は新庄と考えるのがもっとも妥当となろう。円大使主の続柄について、記紀が何も記さないことも、葛城氏に属する土豪の間で族長の地位が交替した可能性を示唆するように思われる。

葦田宿禰と葦田の地

葦田宿禰《あしだのすくね》は履仲妃の黒媛の父として、記紀の帝紀的な記述部分にその名がみえるだけで、葛城襲津彦や玉田宿禰・円大使主のような所伝はまったく認められない。ただ系譜的には履仲天皇の姻戚となり、顕宗即位前紀の分注の一本に彼の子と記す蟻臣は顕宗・仁賢両天皇の外祖父に当たること、『古事記』に、襲津彦の子とされることから、葛城氏のなかでも有数の実力者であり、族長クラスの人物であったろうとの推測が漠然となされてきた。さらに「葦田」が彼の本拠地の名に基づくとするならば、『延喜式』諸陵寮に、

片岡葦田墓〈茅渟皇子。大和国葛下郡に在り。兆域は東西五町、南北五町。守戸無し。〉

とある茅渟《ちぬ》王（皇極・孝徳両天皇の父）の片岡葦田墓の所在地、葦田がそれに当たるとみられる。

「片岡」は葛下川西岸の北葛城郡王寺《おうじ》町から上牧《かんまき》町西部や香芝《かしば》市にかけての馬見丘陵一帯を指す広域的な地名である。上牧町大字《おおあざ》上牧に「蘆田《あしだ》」の地名が残るが、「玉田」や「ツブラ」の例と同じく、古地名かどうか明らかでない。正安四年（一三〇二）に撰述された片岡王寺《かたおかおうじ》（放光寺《ほうこうじ》）の縁起である『放光寺古今縁起《ここんえんぎ》』には「葦田上池」・「葦田中池」・「葦田下池」の名がみえ、『大和志』（江戸幕府の官撰地誌である『五畿内志』の一部）の葛下郡条には「葦田原」や「葦田池」の名を挙げ、どちらもその所在を王寺村（現王寺町）とし、葦田池を『書紀』推古十五年是歳条にみえる「肩岡池」や天武元年七月条の「葦池」に当てている。さらに香芝市平野《ひらの》にある平野古墳群（現在消滅したものも含めて、七世紀代の終末期古墳六基が集中）を茅渟王一族の奥津城に比定する説があり、七世紀前半築造の一号墳が茅渟王の墓ではないかとみられている。「葦田」の比定地は複数の市や町にまたがっており、「片岡」の範囲内で、ある程度の広がりを有する地域と推測される。

葦田の地が葦田宿禰の本拠地であるとすると、彼は掖上や新庄の地に拠った葛城氏の族長たちとはかなり距離的に離れた所に、拠点を構えていたことになる。加えてこの地まで葛城氏の勢力が及んだとすれば、馬見丘陵上に広がる馬見古墳群と葛城氏との関係をどのように理解するのかという問題が生じよう。

馬見《うまみ》古墳群は地域的に南群・中央群・北群の三つに分かれるが、南群には五世紀後半の築山《つきやま》古墳（全長二一〇メートル）、中央群には四世紀末〜五世紀初めの巣山《すやま》古墳（全長二〇四メートル）や五世紀前半の新木山《にきやま》古墳（全長二〇〇メートル）、北群には五世紀半ばごろの河合大塚山《かわいおおつかやま》古墳（全長二一五メートル）といった二〇〇メートル級の大型前方後円墳がその偉容を誇っている。したがって馬見丘陵を葛城氏の勢力範囲に含めて考えると、これらの古墳は掖上・新庄地域の宮山・鑵子塚・屋敷山の大型古墳とともに、葛城氏の最有力者の墳墓とみなければならず、葛城氏の族長的地位の変動を、これまで筆者が掖上地域の土豪から新庄地域の土豪へという方向性で理解してきたことに対しても抜本的な見直しが必要となろう。

葛城の領域

しかし馬見丘陵の一帯は、一部に葛城氏の勢力が浸透していたとしても、全体的には葛城の領域から外れるとみた方がよいのではなかろうか。和田萃氏は古典にみえる「葛城」や、延喜式内社の「葛木」を冠する神社名を調査し、古代におけるカツラキ（カズラキ）の範囲が、葛上・忍海両郡から葛下郡の南部にとどまり、二《に》上山《じょうざん》山麓を北限とする事実を推定された（「紀路と曾我川」『古代の地方史』三所収、朝倉書店、一九七九年)。

筆者もこの説に基本的に従いたいと思う。葛下郡の片岡は、古典には「片岡」(「片丘」・「傍丘」)のような単独、もしくは「片岡之石坏《いわつき》」、「片岡葦田」のような複合的な地名として現れるが、「葛城(木)片岡」のように、上半部に「葛城(木)」を冠して呼ばれることはない。これは片岡と同様に広域的な古地名である掖上や忍海が、単独名のほかに「葛城掖上」・「葛城忍海」と記されるのとは対照的である。

『書紀』天武十三年是年条には「倭《やまと》葛城下郡《かずらきのしものこおり》」の名がみえ、これが「葛城下評」(「評《こおり》」は孝徳朝以降に設置された令制の郡の前身となる行政区画)のことであるとすると、孝徳朝以降天武朝末年までの間に、かつての葛城の地が「葛城上」と「葛城下」の二つの評に分割されたとみられる。忍海評は存在せず、後の忍海郡地域は、上記二つのどちらかの評に属したとみてよいであろう。

すると片岡はもともと、葛城の領域に含まれる地域で、後に葛城下評を経て葛城下(葛下)郡に属したと考えられなくもない。しかしおそらくそうではなく、本来、葛城とは無関係であった片岡の地が、郡もしくはそれに先立つ評の成立時に、はじめてカツラキノシモの郡(評)に編入されたとみるべきであろう。一例を挙げれば、大和では飽波《あくなみ》(阿久奈弥）評が、郡制成立とともに隣接する平群《へぐり》郡に吸収されており、このようなケースはごく一般的に認められるのである。

一方、馬見古墳群はその大半が葛下郡ではなく、広瀬郡に属している。「広瀬」も古代の文献・史料によれば、葛城とはかかわりのない独立した地域名として現れるから、これを安易に葛城の領域に含めてしまうことには問題があろう。また前述のように、馬見古墳群は南・中央・北の三グループに大別することができるが、個々のグループの枠を越えて、古墳群のすべてを特定・同一の集団の墓域と把握してよいかどうか、大いに疑問がある。

以上により、馬見丘陵一帯を葛城の領域に含める見解に、筆者はにわかに賛同することができない。葦田宿禰の「葦田」が地名であるとすれば（それもあくまで推測にすぎないが）、その地は通説通り、『古今集』などの和歌に「片岡の朝（あした）の原」と詠み込まれ、歌枕の地としても著名な片岡の葦田を指すとみるべきであろう。ただその場合も、葛下郡の延喜式内社である二上山雄岳《おだけ》山頂の葛木二上《ふたかみ》神社が、史料にみえる葛城（木）の北限に当たることから、部分的にこの境界を越えて、さらに北方の葦田方面まで葛城氏の勢力が伸張した程度に理解しておくのが妥当と思われる。

葛城氏二系統論

葛城氏を南部の玉田宿禰系（玉田宿禰―円大使主）と北部の葦田宿禰系（葦田宿禰―蟻臣）の系統に峻別する葛城氏二系統論は、小林敏男・門脇禎二・塚口義信らの諸氏によって提唱されたが、なかでも塚口氏の説は、記紀伝承の合理的な解釈と、斬新で説得力のある推論で大方の支持を得、現在、有力な学説となっている（小林敏男「県・県主制の再検討㈡」『続日本紀研究』一八七・一八八号、一九七六年、のち同氏著『古代王権と県・県主制の研究』〈吉川弘文館、一九九四年〉に収録、門脇禎二『葛城と古代国家』〈教育社、一九八四年〉、塚口義信前掲論文および「葛城の一言主大神と雄略天皇」『堺女子短期大学紀要』二〇号、一九八五年）。

もっとも葛城氏二系統論は、筆者のように、葛城の領域からあらかじめ北部を除外して考えるならば、事実上成立不可能となるが、支配領域や勢力圏以外の面でも、二系統論には従いがたいところがある。以下、塚口氏の説を紹介し、その疑問点を指摘することにしたい。

塚口氏は、葦田宿禰系の人物には記紀に叛乱伝承が認められず、荑媛《はえひめ》所生の顕宗・仁賢が相次いで即位していること、葛城県には他の「六御県」と違い、県主が置かれていないことなどから、雄略朝における玉田宿禰系葛城氏の没落後も、葦田宿禰系が大王家の外戚として勢力を有し、葛城県の管理権も掌握したとする。また記紀雄略天皇条には、葛城の一言主神（前述）の出現の話や葛城山の猪の話を掲げるが、一言主神と天皇を同格とし、天皇が猪を踏み殺す形をとる『書紀』の所伝よりも、天皇が一言主神（「大神」と記す）の神威に屈伏し、猪に追われて木に逃げ登る形の『古事記』の所伝の方が古く、これは玉田宿禰系の滅亡後、葦田宿禰系葛城氏が一言主神の祭祀を継承し、葛城南部に隠然たる力を保持した状況を物語るものであるとされる。

しかし塚口氏のように、葦田宿禰系葛城氏が雄略朝以降もなおしばらく健在で、葛城県の管理権を握り、県への大王家の介入を拒むほど有力であったと解することが、はたして可能であろうか。記紀では市辺押羽皇子《いちのべのおしはのみこ》は、即位前の雄略により、円大使主の滅亡直後に殺害されたと記されており、これに信を置けば、当然、市辺押羽と荑媛の婚姻、仁賢・顕宗の出生も、その殺害時期の前に求めなければならなくなる。市辺押羽と葦田宿禰・蟻臣との親密な関係に基づくならば、むしろ葦田宿禰系葛城氏も、市辺押羽と運命をともにしたと見た方が自然であろう。市辺押羽の殺害と葛城氏の滅亡とは別個の事件ではなく、一体的・連動的な動きとしてとらえる必要がある。塚口氏が顕宗・仁賢の即位を前提に、外戚の葛城氏の存続と繁栄を説かれることは、一見合理的なようでありながら、結果論の印象を否めない。

さらに塚口説では、はじめ葦田宿禰系の葛城氏が葛城県の経営・管理を行っていたが、まもなく中央官司機構の行政官たる蘇我氏にその権限を奪われたとし、六世紀に入って葦田宿禰系葛城氏の勢力が急速に衰え、葛城県から一掃されたと推測される。後述するように、蘇我氏と葛城氏や葛城県の関係について、筆者は塚口氏とは基本的に考えを異にするが、それはひとまず措き、いまかりに塚口説に従うならば、葛城北部の領有権に加えて、南部の葛城県の実質的な支配権も手に入れた葦田宿禰系葛城氏の勢力は絶大なものであったはずである。

ところがその優勢ぶりを、葦田宿禰系の特定人物（たとえば蟻臣のような）の行跡と結び付けて語る所伝が、記紀にはまったく見受けられない。実際に政治的実力を有していたとするならば、一言主（大）神や葛城山の猪の話とは別に、葛城氏の執政とのかかわりを伝える具体的な記事が掲げられて然るべきである。同様にこの氏が、塚口氏の説かれるごとく六世紀に入って急速に衰えたのだとすると、その衰退（衰亡）の経緯が伝えられていないことも不可思議である。結局かかる事実は、円大使主の滅亡後も、なお葛城氏が大王家の外戚として存続し、強盛を誇ったとする見方そのものに無理があることを意味するのであろう。

允恭天皇死後の政治抗争

ここで允恭天皇死後の政治状況について概観してみよう。雄略天皇の兄の安康天皇は『書紀』によれば、同母兄の木梨軽《きなしかる》皇子を滅ぼして即位するが、さらに仁徳天皇の皇子の大草香皇子を殺害し、妻の中蒂姫《なかしひめ》皇女（長田大郎女《ながたのおおいらつめ》）を奪ったため、大草香皇子の遺児の眉輪王に暗殺される（記紀）。雄略は『書紀』によると、安康の死後、同母兄の八釣白彦《やつりのしろひこ》皇子や坂合《さか（あ）い》（境）黒彦《のくろひこ》皇子、眉輪王、円大使主、履仲の子の市辺押羽皇子と御馬《みま》皇子（母は葦田宿禰の女黒媛）を滅ぼして王位に即《つ》いている。このうち御馬皇子を除くと、筋立ては若干異なるものの、『古事記』にも同様の話を伝えている。

このような一連の抗争が勃発した理由としては、この時期、大王家と葛城氏の協調関係が崩壊しつつあったことが挙げられよう。玉田宿禰が允恭によって殺害されたことが、両者の関係悪化の直接の契機になったとみられるが、允恭死後は、王位継承をめぐって王統間の対立が起こり、とくに履仲系王統と允恭系王統の対立が激化する。各王統・各王族と結び付いた畿内の豪族層を巻き込む形で抗争は拡大し、一種の内乱状況が出来《しゅったい》したと推察される。葛城氏はおそらくこの過程で、血縁的に近い市辺押羽皇子ら履仲系王統と結び、允恭系王統の追い落としをはかったのであろう。

一方、安康による木梨軽皇子、雄略による八釣白彦皇子や坂合黒彦皇子の殺害にうかがえるように、允恭系王統の内部にも深刻な対立が存在した。『書紀』（雄略即位前紀）は、雄略が市辺押羽皇子を滅ぼした理由を、安康が王位を市辺押羽に伝え、後事を彼に任せようとしたことを恨んだためとするが、この記述は、王位の継承をめぐって安康と雄略の間にも間隙が生じた事実を暗示する。したがって大胆な仮説ではあるが、北郷美保氏が指摘されるように、安康の殺害者は実は雄略であり、眉輪王は父の大草香皇子とともに、すでに安康に殺害されていたと推察することも可能である（北郷美保「顕宗・仁賢即位伝承雑考」、『日本古代史論考』〈吉川弘文館、一九八〇年〉所収）。その場合、記紀の眉輪王の物語は、雄略の安康殺害を隠蔽する目的で述作されたことになろう。

しかしその一方で、安康は履仲系王統や葛城氏との抗争の過程で暗殺されたという見方もできないわけではない。下手人が眉輪王であったかどうかは別として、下手人を匿ったために、円大使主が滅ぼされたという記紀の筋立ては、安康殺害に葛城氏が関与していた可能性を示唆するからである。

このように、実態はいま一つよく分からない面もあるが、允恭死後、抗争がかなり長期に及んだことは確かと思われる。『書紀』では雄略天皇の元年が丁酉《ひのととり》、崩年が己未《つちのとひつじ》の年とされ、西暦四五七年から四七九年までがその治世期間となる。一方、『古事記』に注記する雄略の崩年干支は己巳《つちのとみ》の年で、西暦四八九年に当たるから、『書紀』と一〇年の開きが認められる。筆者はかつて倭王武の遣使をめぐる中国史書の記述や埼玉県稲荷山古墳出土鉄剣銘の作成年次と関連づけて、雄略の治世期間は『書紀』よりも一〇年ほど年次を下げるべきであると主張した（加藤謙吉「応神王朝の衰亡」、佐伯有清編『古代を考える・雄略天皇とその時代』〈吉川弘文館、一九八八年〉所収）。

詳細は別稿を参照していただきたいが、私見によれば、雄略の即位の時期は西暦四六七年前後となる。安康の治世が『書紀』の記す（在位三年）ように短期間であったとすると、彼の死後なお数年、大王不在の時期が存在したと見てよいのではなかろうか。『書紀』では安康元年は甲午（四五四）年となるが、この年次はあまり当てにならない。むしろ大明六年（四六二）に宋に遣使した「倭王世子興」（『宋書』倭国伝、『南史』倭国伝）を、通説のように安康に比定することができるならば、『宋書』本紀（『南史』宋本紀にも）に記す大明四年（四六〇）の倭国の遣使が、倭王済の時代の遣使とみられるだけに、興は大明六年、王位に即くと同時に宋に遣使し、安東将軍倭国王に除されたと推測することができる。

彼我の史料を短絡的に結び付けることには問題もあろうが、安康＝興説に基づくと、安康の治世は四六二〜四六四年ごろに求めることができ、雄略の即位までに、若干の空白期間が生ずることになる。おそらくこの間に、雄略による円大使主と市辺押羽皇子の殺害、王位継承のライバルとなる雄略の兄弟たち（允恭系王族）の一掃が決行されたとみて間違いないであろう。

葛城氏滅亡の真相

允恭死後の抗争は、ほぼ以上のような経過をたどったと見ることができる。雄略が最終的に覇権を握るまで、抗争は長期にわたって継続し、大和を中心として畿内各地で熾烈な戦闘が繰り返され、まさに内乱という言葉に相応しい激動の時期を迎えていた。

前述のごとく、五世紀の大和政権は大王と葛城氏の両頭政権の性格を帯びていたが、両者の協調関係は、允恭の玉田宿禰殺害により破綻する。允恭死後、王位には安康が即いたものの、劣勢に立たされた葛城氏は、允恭系の安康を打倒し、履仲系の市辺押羽皇子を擁立して、勢力の回復をはかろうとする。かかる企てが功を奏し、彼らの手によって安康が暗殺されたか否かは明らかでない。北郷説のように、安康の殺害者を雄略とすると、安康と市辺押羽皇子・葛城氏との間にいったん、和睦が成立し、市辺押羽が王位継承者と定められたことに反発した雄略が、安康の殺害に踏み切ったと理解することも可能である。

記紀では、暗殺の実情が伏せられ、眉輪王が狂言回しのような役割を負って登場するが、安康の暗殺が上記のいずれの形で行われたにせよ、暗殺決行後、允恭系の雄略と履仲系の市辺押羽皇子や円大使主との対立がピークに達したことはいうまでもない。円大使主は、葛城氏を取り仕切る族長の地位にあった。同じく雄略に殺害される市辺押羽皇子や御馬皇子は、葛城氏の血を引く王族である。円大使主や履仲系王族の滅亡は、すでに述べたように連動的なものと考えなければならず、ここに雄略とその麾下《きか》の軍事力の前に、葛城氏や履仲系の有力王族たちは、完全に潰《つい》え去ることになるのである。葛城氏を構成した首長たちは、一部の弱小勢力を除いてほとんどが、この時、滅亡したと推断して差し支えないであろう。

雄略朝以降の王権と大伴・物部両氏

軍事的専制王権の成立

葛城《かずらき》氏が滅んだ後に成立した雄略朝とはいったい、どのような時代であったのだろうか。雄略は対立勢力や王位継承のライバルたちを次々と自らの手で倒して、王位に即いた。したがって彼の治世期に、王権は飛躍的に強化されたと見るのが自然であろう。井上光貞氏は、雄略の武力の背後に大伴《おおとも》氏や物部《もののべ》氏のような軍事的伴造《とものみやつこ》の存在を想定し、雄略朝にこれらの伴造に支えられた軍事的専制王権が成立し、大伴・物部両氏を執政官とすることによって、それが次代へと引き継がれていったと推測されている（井上光貞「雄略朝における王権と東アジア」、『東アジア世界における日本古代史講座』四〈学生社、一九八〇年〉所収）。

雄略朝の王権

また岸俊男氏は『万葉集』巻一の巻頭歌に、雄略天皇の長歌が掲げられ、『日本霊異記』の冒頭にも、雄略が磐余宮《いわれ》に住んでいた時のこととして、小子部栖軽《ちいさこべのすがる》が雷を捉えた話を配していることを指摘し、当時の人々が雄略天皇を古代の代表的天皇と意識していた事実を推測する。そして『姓氏録』の本系にも、氏姓の起源を雄略朝に係《か》けて伝えるものが多いこと、『書紀』の記載に文章上、雄略紀とそれ以前の間に顕著な相違があること、『書紀』の暦日が、雄略紀から元嘉《げんか》暦（それ以前は儀鳳《ぎほう》暦）に代わることなどを挙げて、雄略朝が古代の人々に歴史的な画期として受け止められており、しかもそれが観念的な所産ではなく、史実に基づいた歴史認識であることを指摘された（岸俊男「画期としての雄略朝」、『日本政治社会史研究』上〈塙書房、一九八四年〉所収）。

雄略の諱《いみな》（実名）は「オオハツセノワカタケ（ル）」であるが、周知のように、埼玉県行田市の稲荷山古墳から出土した鉄剣銘には、「獲加多支鹵（ワカタケル）大王」の名が記されており、銘文の作成された辛亥年が西暦四七一年に比定できることから、ワカタケル大王は雄略を指すことが明らかである。さらに稲荷山鉄剣銘の発見により、熊本県江田船山古墳出土大刀銘の冒頭に記された大王の名も「獲加多支鹵」であり、同銘文の一字目～一一字目までは、「治天下獲加多支鹵大王世」（天下《あめのした》治《し》ろしめすワカタケル大王の世）と釈読することが可能となった。

大和政権の君主（盟主）号である「大王」の語を記した文字資料としては、ワカタケル大王（雄略）時代の右の二つの刀剣銘が、現段階では最古の事例であり、稲荷山鉄剣銘の辛亥年（四七一）が、「大王」号の初見ということになる。こうしたことから近年は、「大王」号の成立期を雄略朝とし、日本的天下観を示す「治天下」の概念と一体化して、「（某宮）治天下大王」（某宮に天下《あめのした》治《し》ろ（ら）しめす大王）という称号が、この時期に定着したとする見方が有力である。

確かに五世紀中葉から後半の作とみられる千葉県稲荷台一号墳出土の「王賜」銘鉄剣には、鉄剣を下賜した者が「王」とされ、「大王」とは表記されていない。この「王」を大和政権の盟主の称号であるとすれば、まだこの段階で大王号は成立しておらず、時期を少し下げて雄略朝ごろにそれが成立したと見るのがもっとも妥当な解釈となろう。

加えてワカタケル大王の名を記した刀剣は、畿内と遠く隔たった関東・九州の古墳から出土している。刀剣を作らせ、かつワカタケル大王に杖刀人《じょうとうびと》・典曹人《てんそうびと》として「奉事」したと銘文に記す乎獲居《ヲワケ》臣や无利弖《ムリテ》が、稲荷山古墳や江田船山古墳の被葬者であったかどうかは定かではない。被葬者であるとすれば、彼らはワカタケル大王の宮廷に出仕した武蔵や肥後の首長ということになるが、一方でヲワケやムリテをワカタケル大王に仕えた畿内の有力者と見、彼らの手から稲荷山古墳や江田船山古墳の被葬者（地方豪族）に刀剣が下賜されたと理解することも可能である。

前者の場合、ワカタケル大王と武蔵や肥後の豪族たちの間には、すでに直接的な支配関係が形成されていたと見なければならない。後者の場合は、地方の豪族たちが職掌を通して中央の有力豪族（伴造）層と結び付き、その結果、刀剣が下賜されたことになるが、稲荷山古墳の鉄剣が副葬されていた礫槨《れきかく》の年代は五世紀末～六世紀前半、江田船山古墳の築造期も五世紀後半～六世紀初頭とみられるから、下賜の時期はワカタケル大王の治世期とそれほど年代的に隔たるわけではない。いずれにせよ、二つの刀剣銘は、ワカタケル大王の時に、地方支配が著しく進展した事実、もしくはその前提となる畿内の諸豪族に対する王権の統制力が強化された事実を示唆するのである。

これらの刀剣銘には、「左治天下」（稲荷山鉄剣銘）、「治天下獲加多支鹵大王」（船山大刀銘）のように、「治天下」の表記がみられ、天下思想を背景とする「治天下大王」の称号の成立していたことが知られる。「治天下大王」の概念が、王権の強化と領域の拡大を前提として形成されたのであるとすれば、雄略朝はまさにそれに相応しい時期と見ることができよう。もちろん、大王号の成立が雄略朝以前に遡る可能性は一概に否定できないが、岸俊男氏の指摘された古代史上に占める雄略朝の歴史的意義という点に注目すると、「治天下大王」に当てはまる最初の大王は、事実上、雄略と推断して支障ないと思われる。

雄略の王権の性格

次に井上光貞氏が雄略朝の特徴を軍事的専制王権ととらえたことの是非を検討してみよう。井上氏は雄略の王権を支えたのは、大伴・物部の二大軍事伴造であり、この両氏が雄略朝以降、継続的に執政官たる「大連」に任ぜられたことにより、次代まで軍事的専制王権が引き継がれたと主張される。井上氏が説かれるように、記紀に見える大伴氏や物部氏の氏人は、この時期の大伴室屋《むろや》や物部目《め》以降、急に実在の人物としての俤《おもかげ》を現し始める。

この両人は、雄略即位前紀に、

平群臣真鳥を以て大臣とす。大伴連室屋・物部連目を以て大連とす。

とあり、「大連」に就任したことが記される。大和の平群地方を本拠とする在地型土豪の平群真鳥《へぐりのまとり》の「大臣」就任は、後述するように歴史的事実ではなく、「大連」も連のカバネがこの時期には未成立で、そのような職位が存在したとは認めがたい。ただ『書紀』には室屋や目の執政官的な活動が記されており、彼らの後を継いで、「大連」に任ぜられたとされる大伴金村《かなむら》や物部麁鹿火《あらかひ》の場合も、同様の性格を帯びる。おそらく「大連」という記紀の表記は追記としても、両氏の代表者が実質的に後の「大連」に相当するような、執政官的な職位に就き、それが慣例化したことは承認してよいであろう。

では、なぜ、両氏がそのような職位に就いたのかというと、結局、井上氏が指摘されるように、彼らが雄略直属の軍事力を構成し、敵対勢力打倒の原動力となったからと考えざるを得ない。しかも執政官はこの両氏にかぎられ、大和の在地土豪は就任していない。すなわち大王に権力を集中し、大伴・物部を執政官とする軍政的な政治が行われ、葛城氏型の在地土豪たちは完全に政権の中枢から締め出されたとみられるのである。

大伴氏の性格

「大伴」の氏名の由来

雄略朝の政治が右のようなものであるとすれば、この時期に軍事的な専制王権が確立したと見て差し支えない。しかしこの点をさらに明確にするために、二大軍事伴造とされる大伴《おおとも》・物部《もののべ》両氏の性格、とくにその軍事的な体質を洗い出し、実際に彼らが雄略およびその後の専制王権を支えるだけの軍事力を備えていたかどうかを検証してみたい。

まずは大伴氏の性格であるが、問題となるのは「大伴」の語義とその氏名の由来である。「伴」（トモ）とは、特定の職務をもって王権に奉仕する官人の組織や団体を意味する言葉で、「伴造」（トモノミヤツコ）とは「伴」を率いる長・管掌者を指す。直木孝次郎氏は

「大」は①小に対する大（「有力な」の意）、②内に対する大（内廷に対して政治全般にかかわる外廷の意）、③「多」と同義の大の三つの解釈が可能であるとして、大伴氏を特定・単一の職掌に限定されない「トモのなかのトモ」・「伴造のなかの伴造」と位置づけられた（直木孝次郎『日本古代兵制史の研究』吉川弘文館、一九六八年）。

直木氏は、有力伴造であるこの氏の管掌する多くのトモのなかに軍事的なトモが含まれ、後にこうしたトモだけがクローズ・アップされたために、大伴氏が、本来軍事的な氏族であるかのようにみられるようになったとされたのであるが、逆に大伴氏が統括したトモは軍事的なトモにかぎられると理解することも可能である。すなわちこの氏の配下の軍事的トモがさまざまな組織から構成され、多数の人員を擁していたために、「大伴」という氏名が成立したと考えられなくもないのである。

『万葉集』巻七（一〇八六）には、

靫懸《ゆきか》くる　伴雄《とものお》広き　大伴に　国栄えむと　月は照るらし

との歌を掲げる。ここでは「靫懸くる伴雄広き」は、「大伴」に係る序とされているが、「靫懸くる伴雄」とは、大伴氏配下の軍事的トモの中核をなした靫負《ゆげい》のトモ（弓矢を帯し、宮廷の諸門の守衛に当たったトモ。「靫《ゆき》」は矢を納める武具のことで、これを背に負うたために、

「靫負」（ユキオイ→ユゲイ）の職名が生まれた）に属した武人を指す。

この用例に従うならば、「大伴」の氏名は、後者の説のように、この氏が多くの軍事的トモを率いたことに由来すると解したほうが妥当であろう。大伴氏が軍事以外のトモを管掌した形跡は、史料のうえからはほとんど確認することができないが、大伴氏や同族の佐伯氏が、軍事的なトモを率い、「内兵」（うちのいくさ）として、宮廷の警衛に当たり、さらに国内・国外の軍事行動に武将として参戦したことを伝える史料は、枚挙にいとまがないのである。

大伴氏配下の軍事的トモと靫負の組織

大伴氏配下の軍事的トモには、(A)来目部《くめべ》、(B)靫負、(C)門号《もんごう》氏族などがあり、同族の佐伯氏の下には(D)佐伯部が従属していた。(A)は古くから大伴氏の支配下に置かれた軍事集団とみられ、(B)は畿内および西国の首長の子弟によって編成され宮廷守衛の任に就いたトモ、(C)は大伴氏・佐伯氏とともに宮廷の諸門の守衛に当たり、後、藤原宮以降の宮城の外門（宮城門）の門号に氏族名を残した氏族、(D)は「さえき」が「塞《さえ》ぎる」（「防御する」の意）に由来し、佐伯氏のもとで宮廷の守衛に当たった集団である。(D)の構成員には、邪霊の宮中侵入を防ぐ目的で、呪的能力に長《た》けた蝦夷《えみし》も部分的に含まれている。

もっともこれらのトモのうち、来目部は「天靫部《あめのゆげい》」とも記されるので、靫負の一種とみることができ（『姓氏録』左京神別中・大伴宿禰条）、門号氏族も宮廷の守衛に際して、靫負を指揮する立場にあったと思われる（直木孝次郎、前掲書）。さらに佐伯部も、佐伯氏が大伴氏とともに靫負を率い、門号氏族の一員に名を連ねているから、来目部と同様に、広義には靫負の範疇に入ると考えて差し支えない。

したがって大伴氏が統括した軍事的トモは最終的にはすべて靫負の組織に包摂され、それぞれがその組織の一翼を担ったと理解することができよう。靫負の組織の実態は令制五衛府の衛門府（呼称はユゲイノツカサ）へと受け継がれるが、長官である督には大伴・佐伯両氏の任ぜられることが多く、伴部《はんぶ》（かつての伴造の流れを受け継ぎ、伝統的職務に従事した下級官人）で、宮城門の守衛を担当した門部《かどべ》には門号氏族の一族の者が選ばれ、彼らは門部の負名氏《おいなのうじ》（世襲職を受け継ぎ伴部となる特定の氏）を構成した。

『令集解《りょうのしゅうげ》』所引弘仁二年十一月二十八日付太政官符には、「室屋大連公、靫負三千人を領して左右を分かち衛る」との記述がみられる。三千人は誇張であるにしても、来目部・佐伯部・門号氏族らを包括した広義の靫負の組織には、相当数の兵員が属していたと見ることができよう。ただその組織は、時とともに段階的に発展・拡充を遂げていったとみられるから、雄略朝成立当時、大伴氏の配下にあった軍事集団は、それほど多数に及んだとは思われない。

大伴氏と来目部

おそらく(A)の来目部（「部」字を付して「来目部」と記されるようになったのは後のことで、もとは「来目（クメ）」と呼ばれたのであろう）が、大伴氏の率いた最初の軍事的トモであろう。来目部の管掌者には大伴氏のほかに、直姓の久米（来目）氏があり、記紀の天孫降臨条や神武東征条では、大伴連と久米直の祖が対等の関係で供奉したとする『古事記』の記述に対して、『書紀』では大伴氏の祖が来目部の祖や大来目（大来目部）を率いて供奉する形を取る。

このような所伝の違いがなぜ生じたのか、古くからさまざまな解釈がなされてきたが、筆者は、久米直は大伴氏のもとで二次的に来目部の管掌に携わった地方の伴造であると理解したい。『姓氏録』には久米直二氏の名が見え（左京神別中・右京神別上）、『書紀』の神武二年二月条には、大来目（部）を畝傍山の西の川辺の「来目邑」の地（『和名抄《わみようしよう》』の大和国高市郡久米郷）に居住せしめたと記す。そのため大和を本貫とする中央の久米直氏が存在したように見られがちであるが、実はこの氏は、伊予国久米郡から大和に移住してきた久米直の一族の者である可能性が大きい。

久米郡の隣郡の浮穴《うきあな》郡は浮穴直氏の本拠地であるが、浮穴氏は大久米命（『古事記』神武東征条に見える久米直の祖）の後裔《こうえい》と称し、一族中には伊予から河内国の若江《わかえ》郡に移住し、中央氏族化した者がいる。さらに『姓氏録』左京神別中には久米直の次に浮穴直の本系を掲げており、両者の氏族的な立場には共通する部分が少なくない。おそらくこの両氏は、ともに伊予から中央に進出し、同族結合に近い親密な関係を、長期にわたって維持した氏と推測される。

大伴氏の前身とその大和の本拠地

そうすると久米直が地方の来目部を率いて中央に出仕する形態は、来目部の二次的な発展段階で成立したものと解してよいであろう。天孫降臨や神武東征に久米直が供奉する『古事記』の伝承は、かかる段階の実情を反映していると見ることができる。しかし成立当初の来目部（来目集団）は、大伴氏の直接的な支配下に置かれ、その設置地域も大和を中心とした畿内とその周辺地域にかぎられると考えるべきではなかろうか。

かつて高橋富雄氏は、大伴氏の前身を来目氏とする説を立てられた（高橋富雄「大伴氏と来目部」『日本歴史』一六六号、一九六二年）。『万葉集』の大伴家持の「陸奥国より金を出せる詔書を賀《ほ》く歌」（巻十八・四〇九四）、「族《やから》に喩す歌」（巻二十・四四六五）に見える「大

伴の　遠つ神祖の　その名をば　大来目主と　負ひ持ちて」、「大久米の　丈夫武雄《ますらたけお》を　先に立て」は、高橋氏が説くように、大伴氏と来目集団との密接不可分の関係を示すものといえよう。これを大伴氏が奈良時代に入って『書紀』などの伝承を、さらに増幅・発展させる形で作り上げた家伝と解する向きもあるが、そうした新しい時期の所産と見るには、家持の来目集団に対する思い入れは、少々強すぎるように思われる。

　さらに高橋氏も指摘されるように、「大伴」という氏名は、この氏の最初からの族称とは考えがたい。「大伴」は多くの軍事的トモを抱える大伴造に成長した時点で、二次的に付与された称と理解するのが妥当である。すなわち大伴氏の場合にも、本来の負名《おいな》職に基づく氏名が必ず存在したはずである。そして右の家持の長歌、および来目集団の担った戦闘歌舞である久米舞（後に大嘗祭の豊明節会《とよのあかりのせちえ》の悠紀《ゆき》の舞とされる）が、大伴・佐伯両氏によって伝承され、奏せられた事実などをも勘案すると、この氏の旧氏名は「来目」であったと考えるのが、もっとも自然な解釈となろう。

　前述の『書紀』神武二年二月条によれば、大来目（部）が「来目邑」の地を与えられた時に、大伴氏の遠祖である道臣命は「築坂《つきさか》邑」に宅地を賜わり、ここに居住している。「来目邑」と「築坂邑」は、それぞれ現在の橿原市久米町と同市鳥屋町近辺に比定でき、

図3　鳥坂神社

両邑は互いに隣接する。鳥屋町には延喜式内社の鳥坂神社二座が鎮座するが、文安三年（一四四六）の『和州《わしゅう》五郡《ごぐん》神社《じんじゃ》神名帳《じんみょうちょう》大略《たいりゃく》注解《ちゅうかい》巻四補闕《ほけつ》』（『五郡神社記』）には、鳥坂神社のことを大伴神社と記し、社家は大伴氏で、道臣命が築坂の地に神府を造り、先祖の高皇産霊尊《たかみむすび》と天押日命《あめのおしひ》の父子神を祀ったのが始めであるとする。

『書紀』の記述は、大伴氏（来目氏）とその配下の来目集団が、高市郡内に拠点を構え、大王の親衛軍として大和の宮廷に出仕するようになった事実を伝えたものと見ることができる。『書紀』はそれを神武天皇の時代にかけて記したのであるが、実際には大伴氏が台頭する雄略朝成立期ごろのことと見て差し支えないであろう。

大伴氏は雄略の泊瀬朝倉《はつせのあさくら》宮や磐余《いわれ》宮（『日本霊異記』）のある城上《しきのかみ》郡や十市《とおち》郡内に拠点を持っていた。『万葉集』に奈良時代のこの氏の別業（ナリドコロ、田地の経営拠点）として、城上郡の「跡見《とみ》庄」や十市郡の「竹田庄」が見え、奈良時代末〜平安初期の両郡郡司に大伴氏の一族の者の名が認められる。『書紀』天武元年六月条の壬申の乱の戦闘記事には、大伴吹負《ふけい》の「百済の家」が見えるが、近年、発掘調査の行われた吉備池廃寺《きびいけはいじ》が、通説通り『書紀』に舒明十一年（六三九）の造営と伝える百済大寺であるとすると、吹負の「百済の家」も、香久山に近い十市郡の吉備（現桜井市吉備）の近くにあったことになり、さらに『万葉集』（巻三・三三四）の大伴旅人《たびと》の歌に詠まれた「香久山の　故《ふ》りにし里」も同じ地域を指すと考えられる。

したがって大伴氏の大和の本拠地は、十市郡や城上郡に求めるのが穏当となろうが、大伴氏の本来の氏名が「来目」であるとすると、この氏の本拠地は高市郡の築坂邑や来目邑の地であり、大王宮が磐余《いわれ》の地に集中するようになる五世紀後半・末葉以降（後述）に、磐余の範囲に含まれる十市郡の吉備方面に拠点を移し、さらに周辺の十市郡竹田や城上郡跡見へと進出したと見ることも可能である。

いずれにせよ、鳥坂神社に関する『和州五郡神社神名帳大略注解巻四補闕』の記述（社名・社家・祭神など）に信を置くと、築坂邑や来目邑の一帯は、大伴氏一族にとって神聖な産土《うぶすな》の地として強く意識されていたようである。しかも後述するように、六世紀半ばから後半には、蘇我氏の勢力がこの地に伸張してくるから、大伴氏が定着した時期は、それ以前と考えなければならず、おそらく時期的に大伴氏の台頭する五世紀後半まで遡ると解して支障ないであろう。

五世紀の大伴氏の軍事力

以上、大伴氏の率いた最初の軍事的トモが来目集団であり、この氏がもと来目氏であったこと、来目氏や来目集団の拠点が大和国高市郡の築坂邑や来目邑に置かれ、雄略の即位間もないころに、大王宮の警備のために出仕する体制が整ったことを推測した。いうまでもなく、雄略の即位前には、来目氏の率いる来目集団は雄略直属の私的兵力として、戦闘に参加したと推測されるのである。

大伴氏配下の軍事的トモのうち、(B)の靫負のトモを、『姓氏録』や『令集解』所引の弘仁二年の太政官符（前掲）では、雄略朝の大伴室屋の時に編成されたように記している。しかし地方出身者が靫負として仕えた例は、宣化朝の肥後の火葦北《ひのあしきた》国造の「刑部靫部阿利《おさかべのゆげいあり》斯登《しと》」（『書紀』）や欽明朝の豊後の日下部君の祖、「邑阿自《おおあし》」（『豊後国風土記』）のように、六世紀に入ってからである。西国の首長層の子弟が靫負として中央に出仕する時期は、国造制の施行後とみられ、五世紀代の靫負のトモは、原則的に畿内の首長一族の出身者にかぎられると判断してよいであろう。

同様に、(A)の来目集団に久米直配下の地方の来目部が加わる時期、(D)の佐伯部の支配が、佐伯連—佐伯直（地方伴造）—佐伯部という重層的な形態を取るようになる時期も、国造制の成立期と同じころと推測される。しかし全国的な組織化に先立って、五世紀後半以降、来目集団を嚆矢《こうし》として、大伴氏および同族の佐伯氏のもとに軍事的なトモが徐々に整備・拡充され、その兵力を増しつつあったことは確かと思われる。すなわち軍事的専制王権を支えるだけの実力を、大伴氏はこのころすでに備えていたと見てよいであろう。

物部氏の性格

物部氏の氏名

次に物部氏《もののべ》についてみよう。「物部」という氏名は部制に基づく語である。わが国の部制は百済の官司制である二十二部司制の影響を受け、旧来のトモの組織に部字を当てて、「某部」と称するようになったことに始まる。したがって「物部」の氏名の成立期は、「物部」という部称の成立期まで待たなければならない。島根県松江市の岡田山一号墳出土の円頭大刀銘に「各《ぬか》（額）田部《たべ》臣」との表記がみられ、この古墳が築造された六世紀後半ごろまでには、部称の成立していたことが確認できるが、「物部」については、津田左右吉氏が指摘されるように、『書紀』継体九年二月条所引『百済本記』に「物部至至連《もののべのちちのむらじ》」の名が見え、『百済本記』のこの記述が実録によっているとすると、継体朝ごろにはすでに「物部」の氏名が成立していたと推測することも可能である（津田左右吉『日本上代史の研究』、岩波書店、一九四七年）。

物部を『万葉集』では「もののふ」と読み、「もののふ」（文武百官）の氏の多いことから、「もののふの」で「八十《やそ》」、「もののふのやそ」で「うじ」にかかる序詞とされる。そのため物部氏の氏名の由来を「もののふ」に求め、武人・武士の意にとる説があるが、氏名が部称に基づく「もののべ」であるとすれば、この説は当たらない。むしろすでに指摘されているように、この氏の性格や職掌とかかわるのは、「もののべ」の「もの」であって、「もの」は①武人・兵士（「もののふ」・「つはもの」）、②武器（「もののぐ」・「つはもの」）、③精霊・霊魂（「もの」）の意を表すとみられる。

これを職掌と対応させると、①・②は軍事、③は神事や祭祀となるが、史料に見える物部氏の氏人の活動はどちらの職務領域にも及んでいる。したがって篠川賢氏が説かれるように、「もの」を別々の意に解するのではなく、包括的にとらえ、物部氏が担当した職掌は特定・単一の領域に限定されず、軍事・警察・祭祀を中心とした広い領域にわたったと理解するのが妥当かもしれない（篠川賢「物部氏の成立」『東アジアの古代文化』九五号、一九九八年）。

物部氏と祭祀

しかし大和政権内における物部氏の政治的地位と関連させて考えるならば、その権力基盤と直結するのは軍事・警察的な職務であり、物部氏の多様な職務のなかで、この分野の職務が中核的な位置を占めていたと考えてよいであろう。さらに言えば、祭祀についてもこの氏が担当した祭祀の内容は、軍事を前提とし、それと密接に結び付いていたと思われる。

物部氏が奉斎し、その氏神とされた大和国山辺郡の石上《いそのかみ》神宮は、王権の武器庫としての性格を備えていた。祭神である布都御魂《ふつのみたま》神（布留御魂《ふるのみたま》神）は、神武東征の際に武甕槌《たけみかづち》神が下した神剣とされ（記紀）、垂仁朝には五十《い》瓊敷《にしき》皇子が作らせた剣一千口の大刀を石上神宮に蔵めたとする（『書紀』）。天武三年（六七四）には、忍壁《おさかべ》皇子を石上神宮に派遣し、諸家が供出し、神府に保管されていた神宝を膏油《こうゆ》で瑩《みが》かせているが（『書紀』）、『延喜式』兵庫寮には、大祓横刀の料として、「猪膏五合〈刀を瑩く料〉」とあるから、この神宝は刀剣類であったことがうかがえる。

また『日本後紀』によると、延暦二十三年（八〇四）から翌二十四年にかけて、石上神宮の器仗《きじょう》を山城国葛野郡の兵庫に移したが、その輸送に単口《たんこう》（延べ人数）で十五万七千余人を要したこと、神異が起こったため、結局神宮に返納したことなどを記し、当時まだ膨

図4　石上神宮

大な量の兵器が石上神宮に収蔵されていた事実が知られる。さらに桓武《かんむ》天皇の「此の神宮、他社と異なる所以《ゆえ》は何ぞ」という下問に対して、ある臣が「多く兵仗《ひょうじょう》を収むる故なり」と奏したとある。

物部氏が石上神宮の祭祀にかかわったことは、宇摩志麻治《うましまじ》命が神武朝に神剣（布都御魂）を授かり、宮中で奉祀したこと、崇神朝に伊香色雄《いかがしこお》命が山辺郡の石上邑に建布都《たけふつ》大神社を遷し、石上大神と号して物部氏の氏神としたこと（『先代旧事本紀』巻五「天孫本紀」）、垂仁朝に五十瓊敷皇子やその妹の大中《おおなかつ》姫に代わって、物部十千根《とおちね》大連が石上の神宝を治めるようになり、物部氏による神宝管理が現在まで続いているとすること（『書紀』）など、諸書に記すこの氏の祖先伝承からうかがうことができ、また「天孫本紀」に掲げる物部氏の系譜が、石上神宮の奉斎者を基準に整理された系譜であることによっても、自ずとそれは明らかである（阿部武彦「先代旧事本紀」『国史大系書目解題』上〈吉川弘文館、一九七一年〉所収）。

石上神宮以外にも、伊香色雄命や物部十千根大連が祭祀にかかわった伝承が記紀に認められるが、それらは本来的に物部氏が関与していた伝承かどうか疑わしい点がある。さらにこれらの伝承そのものが王権による大和や地方の神々の祭祀権の掌握を記した内容から成り、記紀的な歴史観を背景に、二次的に作り出された話であった疑いが濃い。

　したがって物部氏と祭祀との関係は、主として石上神宮の奉斎を通して形成されたと見ることができる。しかも石上神宮は刀剣などの兵器を収蔵する王権の武器庫である。その管理に当たった物部氏は、軍事的職務の一環として兵器に宿る霊を祀り、神格化されたその霊を、やがて氏神として崇めるようになったのであろう。物部氏の職掌の主体は、あくまでも軍事・警察的任務の方にあったと思われる。五世紀代の物部氏は、まだ「もののべ」という氏名こそ未成立であるものの、武人・兵士たる「もののふ」・「つはもの」を率い、「もののぐ」・「つはもの」（武器）の製作・管理に当たり、武器の霊（「もの」）の祭祀を執行した軍事的伴造と推断してよいのではないか。

物部氏と軍事・警察

　物部氏が軍事的任務に就いた例としては、伝説的な時代のものを除くと、①雄略朝に物部菟代《うしろ》宿禰と物部目《め》連を伊勢の朝日郎《あさけのいらつこ》の討伐のために派遣し、②目が筑紫聞《つくしのきく》物部大斧《おおおの》手《て》を率いて朝日郎を斬ったこと、継体朝に物部連（『百済本記』の物部至至連）が舟師五百を率いて、朝鮮半島の帯沙《たさ》（蟾津江《ソムヂンガン》河口）に遣わされたこと、③継体朝の磐井の乱の際に、物部大連麁鹿火《あらかひ》が大将軍となって磐井を討ったことなどが『書紀』に記される。①などは伝承的性格の強いものであるが、おおよその傾向として、五世紀後半ごろから、物部氏の軍事的活動が顕著になる事実を読み取ることができよう。

一方、これとあわせて注意を引くのは、物部氏が警察官的な任務に就いたことを記す例が、『書紀』の雄略天皇条にいくつか認められることである。次にそれを列挙してみよう。

Ⅰ［七年八月］天皇は物部三十人を吉備に派遣して、吉備下道臣前津屋《きびのしもつみちのおみさきつや》とその一族を誅殺させた。

Ⅱ［十二年十月］天皇は木工《こだくみ》の闘鶏御田《つげのみた》が伊勢の采女を奸したと疑い、物部に付して殺させようとした。

Ⅲ［十三年三月］天皇は采女を奸した歯田根《はたね》命を物部目大連に付して、これを殺させようとした。

Ⅳ［十三年九月］天皇は木工の韋那部真根《いなべのまね》を刑に処すため、物部に付した。

これらによれば、物部氏は物部を率いて犯罪人の逮捕や処刑を行っている。また采女にまつわる伝承がみられるから、物部氏や物部が、主として宮中で警察業務に従事していたことがうかがえる。『書紀』の雄略元年三月条には、采女であった春日和珥臣深目《かすがのわにのおみふかめ》の女の童女君《おみなぎみ》が生んだ女子（春日大娘皇女《かすがのおおいらつめのひめみこ》）を、天皇が物部目大連の諫言を入れ、皇女として認知したことを伝えているが、采女を管掌した伴造の采女臣は、『古事記』や『姓氏録』・『先代旧事本紀』によれば、物部氏の同族である。両氏の同族関係は、ともに宮中を職務遂行の場とし、采女の管掌やその監視に当たったことにより、生じたと見てよいであろう。

令制下には刑部省《ぎょうぶ》囚獄司《しゅうごくし》・衛門府・東西市司の伴部に物部があり、罪人の決罰（刑罰の執行）を担当し、衛士《えじ》とともに囚人の監視にも当たった。東西市司の物部は、東西の市で警察官的任務に就いたのであろう。衛門府の物部は「内物部」と呼ばれ、決罰の時には刀剣を帯びるのが慣わしであった。いずれも前代の物部氏や物部の警察業務を継承しており、とくに衛門府の「内物部」は、物部が宮中で職務に従事した伝統に基づく呼称とみられる。『延喜式』によれば、践祚大嘗祭《せんそだいじょうさい》には、石上・榎井《えのい》両氏（どちらも物部氏後裔）が内物部四十人を率い、大嘗宮の南北の門に神楯《かんだて》・戟《ほこ》を立てることになっていた。『古語拾遺』にも、物部氏の祖神の饒速日命《にぎはやひ》が、神武天皇の大嘗祭に、「内物部」を帥《ひき》いて、矛・盾を造り備えたとある。「内物部」が大王の近習として宮中の警備に当たり、あわせて警察業務を行ったことが知られよう。

『延喜式』式部上には、囚獄司や東西市司の物部は負名氏と他氏の白丁《はくてい》から取ると規定されているが、直木孝次郎氏は物部の負名氏として、単姓の物部のほかに阿刀《あと》物部・来目物部・聞《きく》物部・坂戸《さかと》物部・竹斯《つくし》物部・相槻《なみつき》物部・贄《にえ》田《た》物部首・二田《ふただ》物部・網部《よさみべ》物部・殖栗《えぐり》物部などの複姓の物部氏を挙げ、前述の伊勢の朝日郎の討伐に加わった聞物部大斧手の例が示すように、彼らが朝廷・宮中に出仕し、物部連の下で軍事的・警察的任務に従っていたと推察される（直木孝次郎、前掲書）。推古天皇死後の六二八年、蘇我蝦夷の近親（叔父か？）の境部臣摩理勢《さかいべのおみまりせ》が、蝦夷と対立し滅ぼされるが、この時蝦夷の命を受けて摩理勢とその子阿椰《あや》を処刑したのは来目物部伊区比《いくひ》であった（『書紀』）。直木氏の見解は妥当とすべきであろう。

物部氏の軍事的台頭期

以上、物部氏が物部を率いて大王の側近に仕え、軍事・警察的な任務に就いた事実を見た。物部氏の場合、とくに警察的な任務の方が目に付くが、軍事と警察を峻別して考える必要はない。直木氏が説かれるように、宮廷の警備に当たることが本来の務めで、その性格上、発展的に警察的な任務や罪人決罰の務めにも就くようになったと考えてよいであろう。広義には警察的任務もまた軍事的任務の範疇に含まれるのである。奈良・平安時代に、大嘗祭で石上・榎井両氏が大嘗宮の門に楯・戟を立てることが恒例化するのも（前述）、大王に近習する軍隊の長としての物部氏の第一義的な立場が、後の天皇の即位儀礼に具現化されたものと見ることができる。

記紀によると、物部氏の氏人の活動記事は、仲哀朝以前と履仲朝以降に二分される。このうち歴史的事実を伝えた可能性のある記事は後者にかぎられるが、『書紀』の履仲二年十月条の物部伊莒弗《いこふ》大連の国政担当記事は、後に付加されたものとみられ、同三年十一月条の物部長真胆《ながまい》連の稚桜部《わかさくらべ》造改氏姓記事も、稚（若）桜部とその伴造職の設置を、履仲天皇の宮号（磐余稚桜宮）にかけて伝えた起源説話にすぎない。

履仲即位前紀には、住吉仲《すみのえのなかつ》皇子の反乱の際に、物部大前《おおまえ》宿禰が太子（履仲）を助けて、大和の「石上の振《ふる》神宮」に逃れたことを記す。逃避先が石上神宮であることから、あるいはこの話は史実に基づくと解することもできるが、『古事記』の記事には、石上神宮の名は記すものの、大前宿禰の名は見えない。物部大前宿禰は記紀ともに、次に掲げる允恭死後の木梨軽皇子と穴穂《あなほ》皇子（安康）の王位をめぐる争いの話のなかに登場するので（『古事記』は大前小前《おおまえおまえ》宿禰と記す）、『書紀』は大前宿禰の名を、石上神宮との関連で、住吉仲皇子の反乱の物語のなかに加えたのかもしれない。

『古事記』によれば、穴穂皇子との争いで劣勢に陥った木梨軽皇子は、大前小前宿禰の家に逃げ込み、兵器を作り戦おうとしたが、宿禰は軽皇子を捕えて、穴穂皇子に貢進したとする。『書紀』では大前宿禰が穴穂皇子と通じたため、宿禰の家に匿《かく》れていた軽皇子は自殺し、一説に伊予の国に流されたとある。どちらも物部大前宿禰の裏切りが行われたかのように記すが、はたしてどこまでが史実に基づくのかよく分からない。

ただこの話は、「葛城氏と渡来人」の「葛城氏の滅亡」の節で述べた允恭天皇死後の内乱的状況のなかで、物部氏がなんらかの軍事的役割を担って、抗争に荷担していた事実を暗示する。さらに臆測すれば、允恭系王統内部の王族間の争いに物部氏が積極的に介入した形跡がうかがえる。もちろん、その間の細かい経緯は不明であるが、最終的にはこの氏は大泊瀬《おおはつせ》皇子（雄略）と結び、その勝利の立役者となったと推察されるのである。

物部大前宿禰の伝承は、いわば黎明期のこの氏の活動を、物部氏の祖とされる一人の人物に託して、物語的に語ったものと見てよいであろう。物部氏・物部関係の記述は、『書紀』では雄略朝に入って増加し、内容も具体性を帯びるようになる。物部氏の軍事的活動が顕著になるのもこの時期以降である（前述）。物部氏がその本来の特性を生かして、「ものの」を管掌する軍事的な伴造へと飛躍を遂げるのが雄略朝であり、大伴氏と並んでこの氏が大王直属の軍事力を構成し、王権の発展に寄与したことは、事実と見て間違いないと思われる。

物部氏の勢力基盤

最後に物部氏の勢力基盤についてみよう。古代における物部氏関係の地域分布（物部氏・物部の氏族分布、『和名抄』などに見える古代の行政区画としての物部郷〈物部里〉、延喜式内社の物部神社など）を調査すると、畿内を除いて四七ヵ国一〇二郡に及ぶ。もちろん、畿内五ヵ国にも分布が認められるが、畿内諸国の場合は分布状況が濃密で、郡単位の分布の有無を正確に割り出すことが困難なために除外したにすぎない。これを入れると国別で五二ヵ国となり、郡別の分布数値もさらに増加する。分布は五畿七道の各地域にわたり、中央の諸豪族中、最大の分布率を示す。物部氏に準ずるのが秦氏関係分布の三二ヵ国八一郡で、しかもこれは畿内を含めた数値であるから、物部氏の勢力がいかに隈なく広範囲に及んだかが知られよう。

もっとも中央の物部氏（連）が、地方の物部氏や物部に対して、実際にどの程度まで支配力を行使し得たかは、なお検討の余地があるし、物部が全国的な規模で設置されるようになる時期も、部称が成立する六世紀に入ってからと解するのが妥当と思われる。しかし少なくとも物部氏が台頭する五世紀後半以降、王権と連動する形で、その勢力がしだいに地方へと伸張していき、この氏の勢力基盤（軍事的・財政的な）の骨格が築かれたことは間違いないと思われる。

さきに見たように、物部氏には中央の物部連の下で軍事的・警察的任務に就いた複姓の諸氏が存在した。これらの複姓氏は「阿刀物部」のように、本姓の「物部」が複姓の下半部に来るのが特徴であるが、これとは逆に「物部」が上半部に来る複姓氏（「物部海《あま》連」・物部伊勢連」など）も存在する。直木孝次郎氏は後者を、本宗の物部氏と系譜的同族関係を持つ複姓氏とし、そうした関係を持たない前者の複姓氏と明確に区分された（前掲書および「複姓の研究」、同氏著『日本古代国家の構造』〈青木書店、一九五八年〉所収）。

後者の複姓氏は、全部で二一氏存在するが、前者の九氏（前述）を加えると、物部氏には系統の異なる二種の複姓氏が相当数、存在したことになる。他の諸氏にはこうした例（複姓が二種にわたる）はほとんどなく、わずかに秦氏の複姓に同様のケースが認められる程度である。この事実は、物部氏の突出した地域分布率とあわせて、この氏が支配下に膨大な人員を抱え、氏族組織が重層的な構造から成り立っていたことを示すものといえよう。

物部氏の勢力基盤が以上のごときものであるとすれば、この氏の権力はかなり強固であり、しかも時期を追ってそれが強化されていったと見なければならない。すでに指摘されている点であるが、『書紀』の神武東征条の物語のなかで、物部氏の始祖の饒速日《にぎはやひ》命は特異な地位を占めている。すなわち饒速日命は天神の子とされ、天磐船《あまのいわふね》に乗って、神武より先に大和に天降《あまくだ》る。長髄彦《ながすねひこ》の妹、三炊屋媛《みかしきやひめ》を娶って、長髄彦に君として奉ぜられるが、後に長髄彦を殺して神武に帰順したという。

これに対して『古事記』の所伝では、邇芸速日《にぎはやひ》（饒速日）命は神武の後から大和へ来て、神武に服従したとする。登美毘古《とみひこ》（『書紀』の長髄彦）の妹の登美夜毘売《とみやひめ》（『書紀』の三炊屋媛）を娶ったとすることは、『書紀』と同じであるが、『書紀』に比べると、著しく生彩がない。『書紀』の所伝では、饒速日命は天神の子として、本来的に神武天皇と同等の立場にあり、大伴氏の祖の道臣命（日臣命）が神武の従者として描かれるのとは、まったく立場を異にする。

おそらく饒速日命の所伝は、『古事記』よりも『書紀』の方がオリジナルな形をとどめていると思われる。天皇の絶対性を強調しなければならないはずの『書紀』が、あえて天皇家にとって不都合な饒速日命の話を掲げているところに、この祖先伝承の持つ伝統性と重みがうかがえるのである。直木氏は、かかる伝承は、ある時期、物部氏が大和政権内で特別な地位にあったことを思わせるとし、伝承の原形の成立を、物部氏の勢力が大伴氏のそれを追い抜く欽明朝以降に求められている。おそらくその通りであろうが、少なくとも饒速日命の伝承は、全国に張りめぐらされた物部氏の軍事的・財政的な基盤を前提に、この氏の政治権力を始祖の人物像に投影させる形で成立したと推断して差し支えないであろう。

軍事的専制王権の成立とその後

以上、大伴氏と物部氏の性格を、細部にわたって検討したが、この両氏の伴造としての本源が軍事（警察）的任務にあることが明らかとなった。大伴・物部両氏がはじめて軍事的トモを率い、恒常的に大王の宮廷に出仕するようになるのは雄略朝ごろであり、この時期を境に記紀に見える両氏の氏人の活動も、かなり史実性を帯びるようになる。両氏は大泊瀬皇子（雄略）麾下《きか》の私兵としてその勝利に貢献し、雄略即位後は大王の下に編成された軍事組織を分掌することで（具体的には両氏の支配下にあった武人・兵士を中心に、新たなトモを編成する形で）、王権を支え、王権の伸張にあわせて勢力を拡大していったとみられる。

允恭天皇死後の内乱的状況のなかで、大和の有力在地土豪の多くは没落し、その最大勢力であった葛城氏も、履仲系王統と結んで、雄略の軍事力の前に潰滅した。前述した古代人の雄略朝に対する歴史認識、稲荷山鉄剣銘や船山大刀銘よりうかがえるワカタケル大王治世下での地方支配の進展（もしくは畿内諸豪族に対する王権の統制力の強化）、「治天下大王」の称号の成立といった諸点をふまえると、雄略朝における大伴・物部両軍事伴造のあり方は、専制化した王権を支える車の両輪としての役割を果たしたと見て間違いあるまい。雄略朝はまさに軍事的専制王権の成立期に当たるのである。

専制王権の成立とともに、大伴・物部両氏は、後の時代の「大連」に相当する執政官の職位に就いた。両氏の族長が並行して同時にその職位に就いたのか、折々の情勢に応じて、交替で就任したのかは明らかでない。後の「大連」の就任例から見ると、原則として二「大連」の制がとられていたようであるが、いずれにせよ未然に大王と対立する恐れのある勢力を封じ込め、軍事的専制王権を維持していくためには、このような執政体制を軌道に乗せることが不可欠であった。大和・畿内の在地土豪を政権より排除し、大王の下で二大軍事伴造が独占的に朝政を担当する方式の寡頭政治が行われることになる。

井上光貞氏は、大伴・物部両氏が雄略朝の後も継続的に執政官の職位に就いていることから、軍事的専制王権は継体朝まで引き継がれたとされる。記紀によれば、雄略の後、王位は清寧・顕宗・仁賢・武烈の四代に継承され、武烈の死後、応神天皇の五世の孫と伝える継体（男大迹《おおど》王）が越前（または近江）より迎えられて即位する。ただ四天皇中、清寧・顕宗・武烈には子供がなく、治世記事も類型的で、具体的な内容に乏しい。

前述のように、雄略天皇の治世期間は『書紀』の紀年より実際には一〇年ほど時期が下り、彼の死は『古事記』の崩年干支の己巳の年（四八九）ごろとみられる。すると『書紀』の継体元年である丁亥年（五〇七）まで一八年ほどしかなく、この間に四代の天皇（大王）が相次いで即位したとすると、平均的な在位年数があまりに短く、いささか無理があるように思われる。しかも記紀は、清寧死後に飯豊青皇女《いいとよのあお》（忍海郎女《おしぬみのいらつめ》、飯豊女王、青海皇女《あおみ》などにも作る。系譜的には市辺押羽皇子の妹とするものと、その女で顕宗・仁賢の姉妹とするものがある）が即位したかのような書きぶりを示し、後世の書ではあるが、『本朝皇胤紹運録《ほんちょうこういんじょううんろく》』や『扶桑略記《ふそうりゃっき》』はこの女性を飯豊天皇としている。

このように記紀の王位継承記事には問題点が多く、四天皇がすべて即位したかどうかは甚だ疑わしい。筆者は雄略と継体の間に大王の位に即いたのは、飯豊と仁賢の二人であると考えているが（加藤謙吉「応神王朝の衰亡」前掲書所収）、他にもさまざまな見解があり、ここではこの問題に深入りすることは控えたい。ただ即位の有無にかかわらず、四天皇に共通して言えることは、そろって存在感が希薄であるということである。

允恭天皇死後の長期的な抗争の過程で、多くの有力な王位継承候補者が殺害されたこともあって、五世紀末には王嗣の断絶の危機が現実的な問題となってきた。しかしそうした状況にもかかわらず、この時期、大和政権そのものの存立にかかわるような大掛かりな争いが勃発した形跡は認められない。

事実上、新王朝の創設者ともいうべき継体の即位も、旧王朝の仁賢の女である手白香《たしらか》皇女との婚姻を前提とし、入り婿的にその王統を継承することで、表向きは平和裡に行われている。しかも井上氏が指摘されたように、継体の王権の執政官は大伴金村《かなむら》と物部麁鹿火《あらかひ》の二人であり（『書紀』には「大臣」の許勢男人《こせのおひと》の名が見えるが、彼の「大臣」就任は事実ではない〈後述〉）、大伴・物部の両氏が王権を支える体制がなお、継続している。さらに大伴・物部の軍事的伴造としての地位は、雄略朝以降、上昇の傾向にあり、支配下のトモの増加や地方への勢力拡大によって、六世紀代に入ると、一段と強化されている。

したがってこれらの事実を勘案すると、軍事的専制王権は雄略一代で終わったのではなく、後継の大王たちに引き継がれ、確実に次の世紀まで維持されたと判断せざるを得ない。軍事的専制王権の存続は、大伴氏や物部氏にとって、自己の政治権力を確保するうえで絶対不可欠であり、王統・王朝の断絶という危機に際して、彼らは結束してこの体制を死守しようとしたのであろう。大王の地位が不安定であればあるほど、連携は強まったと思われるのである。

東漢氏と軍事的専制王権

東漢氏の氏族組織の問題点

東漢氏の誕生

雄略朝に始まる軍事的専制王権の時代は、一方で、渡来系の人々が王権の直接的な支配下に組み込まれ、さまざまの先進的な技術や知識をもって、大王に職務奉仕するようになった時代でもある。プロローグで述べたように、「今来《いまきの》才伎《てひと》」と呼ばれる技術者たちが、大王の要請により、五世紀後半から六世紀にかけて、朝鮮半島、とくに加耶《かや》や百済方面から大量かつ継続的に畿内各地に移住して来るようになった。このような状況にあわせて、それ以前から日本列島に渡り、畿内や西日本の在地土豪たちの下に従属していた旧来（古渡《こわたり》）の渡来人たちにも、しだいに王権の支配が及ぶようになる。

彼ら（古渡の渡来人）は特定の職務を有する伴造やトモとして王権に奉仕するようになるが、同時に個々の集団を相互に結び付ける組織として、ウジが形成される。ウジは、同一の人物を始祖と仰ぎ、その始祖の系譜に父系的につながる人々によって構成された集団的な同族組織である。ウジの成員は互いに血縁的な関係で結ばれる場合が多いが、本来、ウジとは王権とのかかわりにおいて成立した政治的な組織であるから、その仕組や構造については、血縁以外にさまざまなファクターを考慮する必要がある。とくに渡来系のウジの場合は、本来、異質の小集団同士が、王権に掌握される過程で、職務奉仕の必要性やその他の要因から、一つの擬制的な同族集団にまとめ上げられるケースが少なからず存在する。共通の始祖より出たと称しているからといって、必ずしも血縁的な結び付きがあるとはかぎらないのである。

軍事的専制王権の成立期には、渡来系諸氏中、もっとも有力な氏族の一つである東漢《やまとのあや》氏（倭漢氏）のウジの組織（その原形）が誕生した。『書紀』によれば、応神二十年にその祖の阿知使主《あちのおみ》と子の都加使主《つかのおみ》が十七県《こおり》の党類《ともがら》を率いて来朝したとあるが、この氏は大和国高市郡の檜前《ひのくま》（現奈良県高市郡明日香村檜前）とその周辺の地を拠点として、五世紀後半〜末ごろに、後のこの氏の基礎となる氏族組織を成立させ、王権の支配下に入り、伴造として職務奉仕するようになる。

東漢氏とは単一の氏族名ではなく、文《ふみ》氏（書氏・東文氏）・民《たみ》氏・坂上《さかのうえ》氏・谷氏・内蔵《くら》氏・長《なが》氏など多くの枝氏（支族）によって構成される集合体を表す総称であり、枝氏の数は史料的に確認できるものだけでも、七世紀末までに一八氏を数える。東漢氏は大和政権の軍事・財政分野で手腕を発揮し、頭角をあらわすが、さらにこの氏の下には、今来才伎をはじめとして、しだいに多種多様な渡来系の技術者・有識者集団が所属するようになる。東漢氏は、漢人《あやひと》（前述）と呼ばれたこれらトモの集団を率いて王権に奉仕し、漢人が分掌する大和政権の生産組織や行政組織の運営に影響力を及ぼし、中央政界に隠然たる勢力を保持するに至るのである。

政権の中枢にある権力者と結び、政治的陰謀や政変に荷担することも多かったようで、『書紀』によれば、天武六年（六七七）、東漢氏一族は天皇から、

汝等《いましら》が党類《やから》、本より七つの不可《あしきこと》を犯せり。是《ここ》を以て、小墾田《おはりだ》の御世より、近江の朝に至るまでに、常に汝等を謀《はか》るを以て事《わざ》とす。今朕が世に当りて、汝等の不可《あ》しき状を将責《せ》めて、犯の随《まま》に罪すべし。

と、累代（推古朝より天智朝に至る）の不可を弾劾されている。しかし続けて、

然れども頓《ひたぶる》に、漢直の氏を絶さまく欲せず。故《かれ》、大きなる恩を降《くだ》して原《ゆる》したまふ。今より以後、若《も》し犯す者有らば、必ず赦《ゆる》さざる例《かぎり》に入れむ。

とあり、結局天皇は、東漢氏の罪を不問に付している。

断罪ではなく、過去の行為を厳しく咎めたうえで、改めて恩恵を施し、天武朝政治に対する東漢氏一族の全面的な協力を引き出そうとする天皇のしたたかな意思が読み取れるが、あえて詔を出してまで天皇がこのような挙に出たところに、東漢氏一族の並々ならぬ力量のほどがうかがえる。少なくとも、大和政権が全国政権へと発展していく段階で、この氏が政権内部にかなり重要な位置を占めていたことは確かであろう。したがって東漢氏の氏族組織や支配下集団の実態、その成立の歴史的経緯、政治権力との連携のあり様などを検討することが、次に必要となる。

『坂上系図』所引『新撰姓氏録』逸文

東漢氏のウジの成り立ちについて、もっとも詳細にその内容を伝えているのは、「葛城氏と渡来人」の章の「葛城襲津彦と渡来人」の節で紹介した『坂上系図』所引『新撰姓氏録』逸文（以下、『系図』逸文と略記）の古伝承である。『坂上系図』のはじめの部分に現れる九世代二二人の人物中、一六人の尻付《しづけ》（人名の後に細字で書かれた注）に「姓氏録第廿三巻に曰はく」・「姓氏録に曰はく」などと注して、『姓氏録』右京諸蕃上の坂上大宿禰条の逸文が引かれている。延暦十八年（七九九）に、諸氏に本系帳の上進を命じる勅が出され（『日本後紀』）、この時提出された本系帳をもとに、弘仁五年（八一四）、『姓氏録』が撰上されているが、坂上氏が本系帳のなかで述べ、主張した事柄の多くは、この逸文に盛り込まれていて、その全容をうかがい知ることができる。

『坂上系図』の阿智王条に引く逸文には、阿智王（阿智（知）使主）の渡来の経緯や、阿智王が率いてきた「七姓漢人」とその後裔《こうえい》氏の名、大和国檜前郡郷（高市郡檜前郷）を賜わりここに住んだこと、入朝時に離散した阿智使主の「本郷の人民」が、仁徳朝に朝鮮諸国から呼び寄せられたことと、その後裔の村主姓氏族三〇氏の名、阿智使主の奏請により「今来郡」が建郡（後に高市郡と改名）されたことなどが記されている。

ついで、都賀（加）使主条所引の逸文には、

阿智使主の男、都賀使主、大泊瀬稚武天皇〈諡《おくりな》は雄略。〉の御世に、使主を改めて直の姓を賜ひき。子孫、因《よ》りて姓と為せり。男、山木《やまき》直。是、兄腹《えのはら》の祖なり。〈本名《もとのな》は山猪《やまい》。〉次に志努《しぬ》〈一名《またのな》は成努《せいぬ》。〉直。是、中腹《なかのはら》の祖なり。次に爾波伎《にはき》直。是、弟《おとの》腹《はら》の祖なり。（書き下し文は佐伯有清『新撰姓氏録の研究』考証篇六〈吉川弘文館、一九

系図2　『坂上系図』

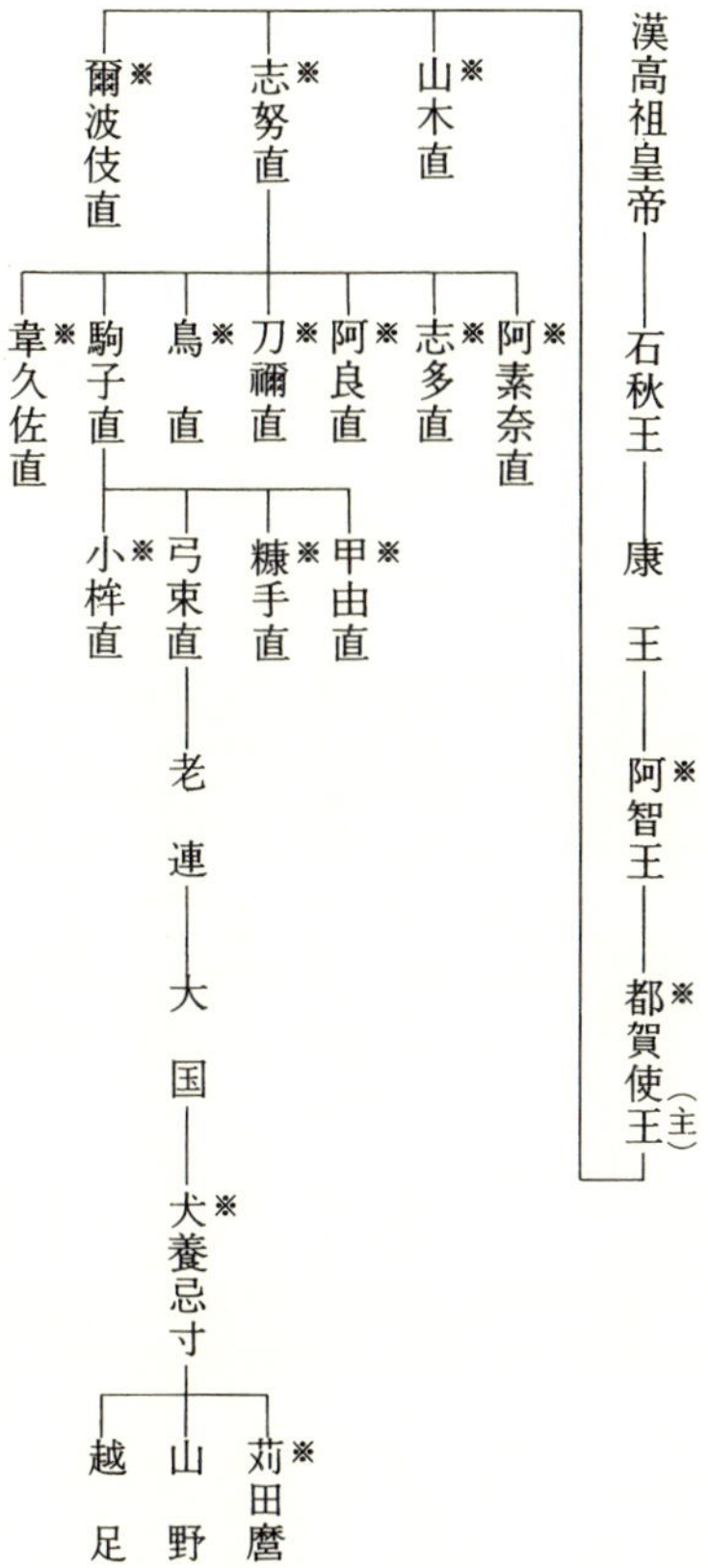

※印の人物＝尻付に『新撰姓氏録』右京諸蕃上・坂上大宿禰条の逸文を掲げる人物

八三年〉による）

とあり、阿智使主の子の都賀使主が雄略朝に「直」のカバネを賜わり、その子の山木直・志努直・爾波伎直の三兄弟が「兄腹」・「中腹」・「弟腹」の三腹の祖となったと記している。「腹」は父系親族集団を表す言葉であるが、『系図』逸文のこの条は、雄略朝に都賀使主が直姓を与えられて朝廷に仕えるようになり、その三人の男子の代に、東漢氏が三つの系統に分かれ、三人をそれぞれの祖とする親族集団が成立したと説く。

さらに山木直・爾波伎直の各条、および中腹の志努直の子や孫の各条に引く逸文で、その後裔氏の名が列挙され、最後の志努直の子孫に当たる坂上氏の犬養《いぬかい》・苅田《かりた》麿《まろ》父子の条の逸文では、坂上氏の改賜姓の過程が順を追って記されている。『系図』逸文は三腹に属する六二の氏族名（坂上大宿禰を含めて六三氏）を掲げるが、要するにこれらは、本系帳が提出された八世紀末〜九世紀初頭に、坂上氏が東漢氏の一族と主張した枝氏にほかならない。

「腹」への疑問

東漢氏の氏族組織については、従来、『系図』逸文に記す内容を大筋において信用し、関晃氏のように、「都加使主の子の代に、従って五世紀の末頃に三腹に分れ、そののち引続き分裂を重ねた」（「倭漢氏の研究」『史学雑誌』六二―九、一九五三年、のち関晃著作集第三巻『古代の帰化人』〈吉川弘文館、一九九六年〉に収録）と理解するのが、一般的であった。この考えに基づくと、東漢氏の氏族組織は共通の祖からの分裂によって生じたもので、三腹の親族集団は相互に血縁関係を有していたことになる。

民族学的な立場からも、大林太良氏が「腹」の語源がツングース系の外婚的父系親族集団を示すハラにあり、その語彙が朝鮮半島を経由して日本に伝わり「腹」となったこと、渡来系の東漢氏の三腹もまた、氏族分裂の結果、成立した親族集団と見て差し支えないことを推測されている（「渡来人の家族と親族集団」、同氏編『日本の古代一一・ウヂとイエ』〈中央公論社、一九八七年〉所収）。

しかし「腹」が父系親族集団を表す語であることは確かとしても、そのことから直ちに東漢氏の三腹が分裂によって成立したと解することには問題があろう。むしろ逆に、本来、異質な集団を一つの氏族組織にまとめ、同族として位置づけるために、「腹」という親族区分の概念が利用されることもあり得るのである。

『日本三代実録』貞観三年九月丁酉条には「八腹の支別」の語がみえるが、この語は武内宿禰の後裔氏族が、武内宿禰の七人の男子を分立の祖として、七つの「腹」に分かれたことを示すもので、「八」はこの場合、実数ではなく、「多くの」の意で使われている。ただ武内宿禰の後裔氏族は、七人の男子の個々の後裔グループ内で、部分的に血縁関係が存在する場合はあるものの（たとえば、宗我石川宿禰《そがのいしかわ》の後裔とされる諸氏の多くは、後述するように、実際に蘇我氏より分出した氏族である）、全体的には血縁とは無関係である。武内宿禰の後裔系譜は、波多《はた》・巨勢・蘇我・平群など、主として大和の有力在地土豪の同族関係を擬制する目的で、二次的に作り上げられた系譜にすぎない。

渡来系の秦氏も「数腹」に分かれていたとされ、「川辺腹」や「田口腹」の存したことが知られるが（『姓氏録』、『本朝月令』所引「秦氏本系帳」）、これらの「腹」も、秦氏を一系的な同族集団として扱おうとする氏族意識に基づき生み出されたもので、秦氏の親族区分の実態を示した言葉ではない（加藤謙吉『秦氏とその民』）。

前述のように、ウジは第一義的には王権への奉仕を前提とする政治的な族団組織である。必ずしも血縁集団によって構成されているわけでなく、とくに渡来系のウジほどそうした傾向が強い。ウジの族長や一族の者が、本系帳（本系）や改賜姓の奏請のなかで、自氏の来歴を説くために「腹」という言葉を使用している場合、その主張がどのような経緯でなされたものなのかを明らかにする必要がある。安易にそれを史実として信用することは控えるべきであろう。

『系図』逸文への疑問

『系図』逸文のなかで坂上氏が示した東漢氏の氏族像、すなわちその成り立ちや、三腹による親族区分についても、実は疑わしい点や後の時代の造作とみられるものがいくつか認められる。

疑問の第一は、『系図』逸文に掲げる六三氏（表1参照）のほかにも、東漢氏の枝氏とみられる氏がいくつか存在することである。次に記す(64)〜(79)は、六国史や『姓氏録』により、東漢氏の一族であることが明らかか、あるいはそのように主張している諸氏を挙げたものである。

(64) 内蔵《くら》宿禰（忌寸）　(65) 佐太《さた》宿禰　(66) 木津《きつ》忌寸
(67) 高安《たかやす》忌寸　(68) 大蔵《おおくら》宿禰（忌寸）　(69) 民《みたみ》宿禰
(70) 文部《ふみべ》宿禰　(71) 長《なが》忌寸　(72) 井門《いと》忌寸
(73) 檜前《ひのくま》忌寸　(74) 蔵人《くらひと》　(75) 葦屋《あしや》漢人
(76) 池辺《いけのべ》（溝辺）直　(77) 火撫《ひなつ》直　(78) 栗栖《くるす》直
(79) 丹波《たにわ》史

ただこれらの諸氏のうち、(67)の高安忌寸は阿智王の後裔とするが、『姓氏録』未定雑姓・河内国条に見えるもので、出自がいまひとつ判然とせず、(74)の蔵人や(75)葦屋漢人は、東漢氏に従属した漢人集団の出身で、後に東漢氏の一族に列したもの、(79)の丹波史は東文・西文両氏の指揮下に文筆・記録の任務に当たった史部（フミヒト・フヒト）の一員で、東文氏との関係に基づいて、東漢氏に系譜的に結び付こうとした氏とみられ、本来の東漢氏の枝氏からは、除外して考えることができる。坂上氏が右の諸氏を三腹のなかに含めなかったのも、それなりに説明がつくのである。

一方、(69)と(70)の両氏は、表1の(18)の東文部忌寸と(1)の民忌寸の同族である。延暦四年（七八五）、東漢氏の有力枝氏一一氏一六人が宿禰姓を賜わり、その折、民忌寸と文部忌寸も宿禰を賜姓されているから（『続紀』）、この両氏の場合は、『系図』逸文が旧姓にとどまった氏族の名だけを掲げ、改姓した氏族の名を漏らしてしまったと見ることができる。さらに(76)の池辺（溝辺）直は表1の(35)の文池辺《ふみのいけのべ》忌寸の支流の一族であるが、勢力的に弱体であったために、やはり『系図』逸文の枝氏名から欠落したものと推察される。

このように、右の諸氏に関しては『系図』逸文から名が漏れても、それほど不自然とは考えられないが、それ以外の諸氏が欠落した理由はよく分からない。とくに(68)の大蔵《おおくら》宿禰（忌寸）と(71)の長《なが》忌寸の両氏は、『書紀』によれば、天武元年六月条に大蔵直広隅《ひろすみ》、皇極三年十一月条に長直、斉明五年七月条に東漢長直阿利麻《ありま》の名が見え、早くから東漢氏の枝氏

表1　『系図』逸文の三腹所属の諸氏

三腹	氏姓
兄腹	〔1〕民忌寸、〔2〕檜原宿禰、〔3〕平田宿禰、〔4〕平田忌寸、〔5〕栗村忌寸、〔6〕小谷忌寸、〔7〕伊勢国奄芸郡の民忌寸、〔8〕軽忌寸、〔9〕夏身忌寸、〔10〕韓国忌寸、〔11〕新家忌寸、〔12〕門忌寸、〔13〕蓼原忌寸、〔14〕高田忌寸、〔15〕国覔忌寸（陸奥国新田郡）、〔16〕田井忌寸、〔17〕狩忌寸、〔18〕東文部忌寸、〔19〕長尾忌寸、〔20〕檜前直（大和国葛上郡）、〔21〕谷宿禰、〔22〕文部谷忌寸、〔23〕文部岡忌寸、〔24〕路忌寸、〔25〕路宿禰
弟腹	〔26〕山口宿禰、〔27〕文山口忌寸、〔28〕桜井宿禰、〔29〕調忌寸、〔30〕谷忌寸、〔31〕文宿禰、〔32〕文忌寸、〔33〕大和国吉野郡の文忌寸、〔34〕紀伊国伊都郡の文忌寸、〔35〕文池辺忌寸
中腹	〔36〕田部忌寸、〔37〕黒丸直、〔38〕於忌寸、〔39〕倉門忌寸、〔40〕呉原忌寸、〔41〕斯佐直、〔42〕石占忌寸、〔43〕国覔忌寸、〔44〕井上忌寸、〔45〕石村忌寸、〔46〕林忌寸、〔47〕郡忌寸、〔48〕榎井忌寸（大和国吉野郡）、〔49〕河原忌寸、〔50〕忍坂忌寸（大和、河内等国）、〔51〕与努忌寸、〔52〕波多忌寸、〔53〕長尾忌寸、〔54〕畝火宿禰、〔55〕荒田井忌寸、〔56〕蔵垣忌寸、〔57〕酒人忌寸、〔58〕白石忌寸、〔59〕大和国高市郡の坂上直、〔60〕蚊屋宿禰、〔61〕蚊屋忌寸、〔62〕参河国の坂上忌寸、〔63〕坂上大宿禰

を構成した名門の一族である。また大蔵宿禰は、前述の延暦四年に宿禰に改姓した東漢氏の枝氏一一氏中に含まれ、ほかに(64)内蔵《くら》宿禰（忌寸）と(65)佐太《さた》宿禰の両氏も、この時賜姓の対象とされている。

つまりこれらの諸氏は、八世紀末の東漢氏の枝氏のなかでも伝統的な名族か相当の有力氏であった。ちなみに東漢氏の枝氏で、延暦末年までに五位以上に昇進した官人の数を比較してみると、坂上氏が一一名ともっとも多く、大蔵氏の五名、内蔵氏の四名がこれに次いでいる。坂上氏は八世紀半ば以降、東漢氏一族の宗家的地位にあったから、大蔵・内蔵両氏は当時、宗家に準ずる政治的地位を占めていたことになる。

したがって坂上氏が、不注意から『系図』逸文に大蔵・内蔵両氏の名を書き漏らしてしまったとは考えられない。二名の五位以上官人を出している佐太氏や、名門の長氏の場合も同様であろう。『系図』逸文は後裔氏族名を記す場合、複数の場合には「山木直は、是《これ》、民《みたみ》忌寸……路《みち》宿禰等廿五姓の祖なり」と末尾に必ず氏族数を明示しているから、遺漏は起こるべくもない。また『坂上系図』が逸文の記事を省略してしまったとも考えにくい。結局、なんらかの理由があって、『系図』逸文が、これらの諸氏の名を故意に削除したと推断せざるを得ないであろう。

さらなる疑問

　さらに『系図』逸文の疑問点を一、二挙げてみよう。『姓氏録』の東漢氏の枝氏の本系は、多くが「都賀直四世の孫、東人直の後なり」のように、一般に自氏の直接の別祖（ここでは東人直）の名を掲げ、その別祖の系を都賀直（都加使主）にかけて、その「何世孫」と記す書式を取っている。三腹の祖である山木直・志努直・爾波伎直は、東漢氏の枝氏にとって、分立の祖に当たる別祖であるにもかかわらず、『姓氏録』のどの条にもその名が見られない。

　これについては、佐伯有清氏のように、直接の別祖の系を都賀直にかけたのは、都賀直が東漢氏一族にとって重要な祖先であったからで、分立の祖は、坂上大宿禰の本系に明記してあるので、各氏は直接の別祖のみを掲げ、中間の別祖は省略したと理解することも可能である（佐伯『新撰姓氏録の研究』研究篇、吉川弘文館、一九六三年）。しかし『系図』逸文と現存伝本の『姓氏録』の間に見られる別祖名の完全な食い違いを、すべて中間の別祖の省略によると考えてよいのか、疑問も残る。

　『坂上系図』の志努直条には『姓氏録』の逸文に続けて、『東漢《やまとのあや》費直《のあたい》諸氏記《しょしき》』を引用し、「成努〈一に云く、真努。〉費直」と記している。おそらくこの書は坂上氏提出の本系帳のなかに引用されていたもので、それに基づき『姓氏録』原本は志努の一名を成努と注記し

た と推察されるが、「費直」は「直」に定着する以前の、姓のアタイ（アタエ）の古い借字であるから、『東漢費直諸氏記』は相当早い時期に成立した書とみられる。
するとと成努《せいぬ》費直（志努直）の名がこの書に見える以上、彼の名は東漢氏の間で古くから伝えられていた祖名と推測することができる。ただ成努費直が、『東漢費直諸氏記』に「中腹」の祖と明記されていたかどうかは定かではない。むしろ本系帳の作成者の手許にあったのは、東漢氏の諸氏（枝氏）の祖先名を記しただけの断片的な記録にすぎなかったのではなかろうか。現行本『姓氏録』に三腹の祖の名が別祖として記されないのは、彼らの系譜的な位置が、当時の東漢氏の諸氏の間で、まだ確定していなかったためとも考えられるのである。

もう一つの疑問は、同姓・同名の枝氏が、『系図』逸文でその所属の腹を異にしていることである。表1の(19)と(53)は長尾忌寸、(15)と(43)は国覔《くにまぎ》忌寸で、同一の氏姓を持つ。また(21)の谷宿禰と(30)の谷忌寸も氏名が一致する。東漢氏という共通の氏族組織に属する枝氏で、同姓・同名である場合、これらの氏はきわめて近い関係にあると見て差し支えないであろう。

すなわち(19)と(53)の両氏は、同じ一族内で分裂して別氏となったもの、(15)と(43)の両氏は、

⒂が「陸奥国新田郡」と注記されるから、この氏は本来、陸奥国の在地土豪で、㊸の氏とのなんらかの関係により、国覔忌寸を名のり、その同族に列したもの、㉑と㉚は本支関係にあり、両氏の違いは、延暦四年に宿禰を賜姓された本流の氏㉑と、旧姓の忌寸にとどまった傍流の氏㉚との違いであると、それぞれ理解することができる。

そうすると長尾忌寸と国覔忌寸が、兄腹⒆・⒂と中腹(53)・㊸に、谷宿禰と谷忌寸が兄腹と弟腹に、それぞれ分かれて所属するという状況は、本来ありうべきことではない。⒂と㊸の場合は、後に形成された擬制的な同族関係にすぎないが、ひとたびそのような関係が成立すれば、当然、両者は同一の腹に含まれるはずである。『系図』逸文の親族区分はかなりルーズで、一貫性を欠いているように思われる。

坂上苅田麻呂の奏言と「三腹」

以上、『系図』逸文への疑問点を指摘したが、三腹による親族区分が、必ずしも東漢氏の氏族組織の実態を伝えていない疑いが濃厚となった。兄腹・中腹・弟腹の区分は多分に便宜的なもので、坂上氏の立場からの一方的な主張であった可能性もあながち否定できない。すなわち坂上氏は、自氏との親疎を基準として、「腹」による親族区分を行い、坂上氏と近しい枝氏を中腹に、疎遠なものを兄腹と弟腹に配置したとも臆測できるのである。その場合、親疎の基準は血縁関係よりも坂上氏との政治的なつながりに重きが置かれ、坂上氏の族長的な支配が十分に及ぶ範囲の枝氏が中腹に取り込まれたと理解することができよう。

ただこのような見方に対しては、『続紀』宝亀三年四月庚午条の坂上苅田麻呂の奏言に「三腹」の語の見えることが、あるいはその反証となるかもしれない。苅田麻呂は、先祖の阿智使主が応神朝に一七県の人夫《たみ》を率いて帰化し、大和国高市郡檜前村に居所を賜わって以来、高市郡内は檜前忌寸（高市郡土着の東漢氏）と一七県の人夫で蕃衍《はんえん》し、他姓の者は十中一、二にすぎない状況であると説き、高市郡の郡司には譜第《ふだい》（立郡以来、郡司に任用される家柄）と関係なく、檜前忌寸を任じてもらいたいと奏請している。

そして天平三年（七三一）の蔵垣《くらがき》忌寸家麻呂《いえまろ》の少領就任、同十一年の家麻呂の大領遷任と蚊屋《かや》忌寸子虫の少領就任、天平神護元年（七六五）の文山口《ふみのやまぐち》忌寸公麻呂《きみまろ》の大領就任の例を挙げ、「三腹遆《たがい》に任ぜられて、今に四世」と述べている。すなわち檜前忌寸の「三腹」の者が四交代して郡司に任ぜられたとするのであるが、通説ではこの「三腹」を兄腹・中腹・弟腹の三腹とし、『系図』逸文と『続紀』の記事が対応することから、東漢氏が三腹に分裂したことは事実であると理解するのである。

しかし高市郡の郡領（大領・少領）就任者のうち、蔵垣忌寸と蚊屋忌寸は中腹、文山口忌寸は弟腹に属するが、兄腹の者は存在しない（表1参照）。『続紀』延暦十年四月乙未条には、豊城入彦命《とよきいりひこ》の子孫である「東国の六腹の朝臣」の名を記しており、この「六腹の朝臣」とは、天武十三年（六八四）に朝臣姓を与えられた上毛野君《かみつけの》・車持君《くるまもち》・下毛野君《しもつけの》・佐味君《さみ》・大野君《おおの》・池田君《いけだ》の豊城入彦命後裔六氏を指し、「腹」が「氏」と同義語として用いられている。したがって檜前忌寸の「三腹」もまた、単純に蔵垣忌寸・蚊屋忌寸・文山口忌寸の三氏を指すと解した方が妥当であろう。

津連真道の上表と「三腹」型系譜

さらに「三腹」型の系譜、すなわち三人の兄弟から分かれてウジが成立するという構成の系譜は、東漢氏にかぎらず他の有力な渡来系氏族にも、ある程度共通して認められる。類型的であるということは、それだけ作為性が強いということであるが、この種の系譜は、渡来系諸氏が貴姓への改姓を求めて、中国や朝鮮諸国の皇帝・王の末裔《まつえい》と称し、自らの系譜を改変・操作していく過程で、二次的に創出された系譜である疑いが持たれる。

『続紀』延暦九年（七九〇）七月辛巳条の津連真道《つまみち》らの上表によれば、百済の貴須王《きす》の孫の辰孫王《しんそん》（智宗王《ちそう》）が応神朝に来朝したこと、辰孫王の子が太阿郎王《たあろう》、その子が亥陽君《がいようくん》、その子が午定君《ごじょうくん》で、午定君は三男を儲けたこと、長子が味沙《みさ》、仲子が辰爾《しんに》、季子が麻呂

系図3　津連真道の主張した系譜

貴須王―○―辰孫王（智宗王）―太阿郎王―亥陽君―午定君┬味沙（長子、葛井連）
├辰爾（仲子、船連）
└麻呂（季子、津連）

で、これより分かれて、はじめて三姓となったことを記し、各々、その所職によって葛井連・船連・津連のウジを名のったとする。

これを図示すると、系図3のようになるが、『書紀』の欽明・敏達両天皇条には、王辰爾が船史（船連の旧姓）、王辰爾の甥の胆津《いつ》が白猪《しらい》史（葛井連の旧姓）、王辰爾の弟の牛《うし》が津史（津連の旧姓）の氏姓を賜わったとあり、王辰爾の弟は牛とされ、麻呂ではない。上表を行ったのが津連真道であることを考えると、彼は自らの始祖の名を誤ったか、他の名に置き換えたことになり、いかにも不自然である。しかも『姓氏録』の葛井（白猪）・船・津三氏の系統の諸氏の本系では、午定君に当たる人物が塩《しお》君と記されていて、ここでも祖名が錯綜している。真道の上表の時期（延暦九年）と、これら諸氏が『姓氏録』編纂の資料として本系帳を提出する時期（延暦十八年以降）は、あまり時期的に隔たりがなく、午定君の名はまだ記憶に新しいはずであるから、この点も不可解と言わざるを得ない。ちなみに『姓氏録』の中科宿禰《なかしな》(旧姓は津連)の本系では、牛(宇志)は塩君の孫とされ、麻呂の子に位置づけられている。

このように葛井(白猪)・船・津三氏の系譜には、三氏の分立に関するもっとも重要な部分に異同が認められる。二人の兄弟とその甥を三氏の祖とする『書紀』の系譜が、系図3のそれよりも古い所産であることはいうまでもない。津連真道は朝臣への改姓を目的として上表を行ったのであり、そのなかで主張された祖先の事跡や系譜関係の多くは、賜姓を実現させるために、真道やその周辺で都合よくまとめられた可能性が大きいと見るべきであろう。『姓氏録』の本系との間に齟齬《そご》がみられるのは、真道らが主張した系譜が葛井・船・津系統の諸氏の間で必ずしも周知徹底しておらず、なお有力な異説が存したことを意味すると思われる。

王仁後裔氏族と「三腹」型系譜

葛井(白猪)・船・津三氏は河内国丹比郡野中郷《のなか》(現大阪府羽曳野市)に拠点を構え、フミヒト(史部)として王権に奉仕した一族であるが、筆者はこれら三氏が、同じ百済系のフミヒトで、野中郷に隣接する河内国古市郡《ふるいち》古市郷(現羽曳野市)を本拠とした王仁の後裔氏(西文氏・馬〈武生《たけふ》〉氏・蔵〈倉〉氏)らとともに、「野中古市人」と呼ばれる擬制的な同族集団を形成していたと考えている。

彼らは西文氏を盟主として結束し、カワチノフミヒト（西史部）の中核的位置を占めたが、七世紀後半に古市郷の勢力と野中郷の勢力に分裂する。前者が王仁を始祖とする新たな同族関係を成立させたのに対して、後者は最初、『書紀』の王辰爾と胆津・牛の続柄に示されるような同族系譜を作り上げ、八世紀末に津連真道らにより、それを「三腹」（三兄弟分裂）型の辰孫王後裔系譜（系図3）に改変したと推測することができる（加藤謙吉「『野中古市人』に関する一考察」、佐伯有清編『日本古代中世の政治と文化』〈吉川弘文館、一九九七年〉所収）。

津連真道の上表の翌年には、文・武生の両氏が改姓を乞い、宿禰姓を与えられた。『続紀』によれば、両氏は王仁の出自を百済から中国系に改め、王仁を漢の高帝（高祖）の子孫と位置づける。すなわち高帝の後裔に鸞《らん》、鸞の後裔に王狗《おうく》があり、王狗の時に百済に移り、その孫が王仁であったとするのである。王仁の子孫の系譜については、『姓氏録』により断片的にうかがうことができるが、さらに堀池春峰氏が紹介された正和五年（一三一六）成立の『行基菩薩縁起図絵詞《ぎょうきぼさつえんぎずえことば》』（『南都仏教史の研究』上〈法蔵館、一九八〇年〉所収）の系譜記事と照合することによって、八世紀末ごろに王仁後裔氏が主張した同族系譜を、系図4のように復原することができる。

注目すべきは、ここでも「三腹」（三兄弟分裂）型の系譜が認められることである。しかもこのような形の系譜が整うのは、王仁を百済人（記紀）、百済王子（天平二十一年〈七四九〉、行基墓誌〈「大僧上《だいそうじょう》舎利瓶記《しゃりびょうき》」〉）としていた段階ではなく、漢の高帝の子孫と称するようになった延暦十年に近いころと推察されるのである。

坂上氏と「三腹」型系譜の成立事情

かくして「三腹」（三兄弟分裂）型の系譜が成立する時期は、八世紀の末ごろであった可能性が大きいと思われる。東漢氏が阿知使主（阿智王）を後漢霊帝の曾孫と主張した史料上の初見は、『続紀』延暦四年六月癸酉条の坂上苅田麻呂の上表である。この条には阿智王が七姓の民を率いて来朝し、後に離散していた旧居の帯方の人民も大挙してやって来たと伝えるが、その内容は『系図』逸文の「七姓漢人」や「本郷の人民」の来朝の話とほぼ一致する。一方、宝亀三

系図4　王仁後裔氏の主張した系譜

高祖（高帝）……鸞王……王狗―王胸―王仁―強子首
　├宇爾子（古）首……西文首
　├博浪子（古）首……不詳
　└河浪子（古）首（阿浪古）……馬史・桜野首・古志史

年四月庚午条の苅田麻呂の奏言（前述）には、阿智（知）使主は一七県の人夫を率いて帰化したとされ、ここでは『書紀』の阿知使主の渡来伝承がそのまま踏襲されている。

そうすると宝亀三年（七七二）から延暦四年（七八五）までの間に、『書紀』型の伝承から『系図』逸文型伝承への改変が行われたと見てよいのではなかろうか。延暦四年の苅田麻呂の上表は、東漢氏一族の宿禰改姓を請願したものであり、おそらくそれにあわせて、延暦期に入ってからあわただしく新しい形の伝承、すなわち後漢霊帝に系譜を結び付け、ウジの成り立ちを「三腹」への分裂によって説こうとする伝承が、構想されたのであろう。

苅田麻呂の請願は功を奏し、前述のごとく、東漢氏の有力枝氏一一氏一六人が宿禰を賜姓された。しかし改姓に向けてのこの間の動きのなかで、一貫して主導権を握ったのは坂上氏とみられ、東漢氏の宗主としての地位を不動のものにしようとするこの氏の強い意思が背後にうかがえる。「三腹」型の系譜も、「族長」の坂上氏を中心として、東漢氏の系譜を統一的にまとめ上げようとする狙いが込められており、このような坂上氏の独断専行は、一方で他の有力枝氏の反発を招くことにもつながったと思われる。

関晃氏が指摘されるように、東漢氏には本来族長が存在せず、八世紀半ばまでは一時的に東文氏や民氏が優勢になることはあっても、原則的には数個の有力な枝氏が対等な立場で、東漢氏の氏族組織を維持していた（関晃、前掲書）。坂上氏と他の諸氏との格差が広がるのは、坂上犬養がその武才によって聖武天皇に寵愛され、天平二十年（七四八）、従四位下に昇り、さらに聖武死後の天平勝宝八歳（七五六）に、位三階を進められて正四位上に叙せられてから後のことである。ついで犬養の子の苅田麻呂・孫の田村麻呂が武人として朝廷に重きをなし、その功により従三位、正三位に昇ったことで、八世紀後半から九世紀初頭にかけて、坂上氏と他の枝氏との懸隔は決定的なものとなる。

東漢氏の「族長」としての地位を確保し、他の枝氏に対する統制を強めようとする坂上氏と、坂上氏の支配を排除し、あくまでも枝氏としての自立性を守ろうとする有力氏や名族との間には、当然、深刻な軋轢《あつれき》が生じることになる。『系図』逸文から大蔵・内蔵・佐太・長の諸氏の名が欠落しているのは、このためであろう。すなわちこれらの諸氏は、坂上氏が宗主権を独占することに対して批判的な態度をとり、その拠り所となる「三腹」型系譜のなかに名を連ねることを潔しとしなかったのであろう。

坂上氏の側でも、こうした有力氏・名族の意向を完全に無視することはできず、なんらかの配慮を示すことが必要とされた。坂上氏の主張を認めようとしないものや、それとは異なる独自の所伝や系譜を主張するものに対しては、あらかじめそれらの枝氏を「三腹」

による親族区分の対象から除外せざるを得なかったと思われる。かくしてさまざまな矛盾を内包しながら、延暦十八年の本系帳上進の勅に応じて、『系図』逸文のもととなった坂上氏の本系が、最終的に作り上げられたと推察されるのである。

東漢氏の氏族組織の成立

都加使主（ツカノヲミ）

以上により、東漢《やまとのあや》氏の氏族組織が、「三腹」への分裂によって成立したと解することは、もはや困難となった。では東漢氏とはいったいどのような経緯で誕生し、いかなる人々によって構成された集団組織なのであろうか。さきに見たように、現存伝本の『姓氏録《しょうじろく》』では、東漢氏系の諸氏の本系の多くは、直接の別祖の系を都賀直《つか》（都加使主）にかけていた。佐伯有清氏は、これを都賀直がとくに東漢氏にとって重要な祖先であったからとされたのであるが（前述）、さらに一歩進めて、都賀直こそが東漢氏の本来の始祖とされるべき人物であり、各枝氏が東漢氏に属する最大の所以《ゆえん》が、都賀直（都加使主）を共通の祖とする同族意識にあったと見ることができるのではないか。都加使主よりも後の世代の系譜的関係は、東漢氏の同族結合にとって付け足し的な意味しか持ち合わせなかったと思われるのである。

『系図』逸文は、雄略朝に都加使主が使主を改め直の姓を賜わったと記す（前述）。『書紀』の雄略天皇条にも同様の記事を掲げ、「漢部」を聚《つど》えてその伴造を定めたとするが、「漢部」はこの場合、東漢氏配下のトモの組織を指す。つまり『書紀』は東漢氏の伴造職の起源を、雄略朝の都加使主の時に求めている。さらに彼の名を実録風に氏《うじ》、姓《かばね》、名《な》の順に「東漢直掬《つか》」と記すから、『姓氏録』の本系に占める彼の位置とあわすと、都加使主こそが東漢氏のウジの成立と結び付く第一義的な始祖であり、父の阿知使主とその渡来伝承は、東漢氏の日本への移住を応神朝にかけるために、後に架上されたものと見ることができる。したがって都加使主が父とともに応神朝に来朝したと『書紀』に記すことも、もとより造作にすぎない。

しかしその一方で、都加使主を安易に東漢氏草創期の実在の人物と断定してしまうことも危険である。都加使主から東漢直掬へという人名表記の変化は、来朝（応神朝）から直賜姓・伴造職就任（雄略朝）という東漢氏の氏族伝承における発展段階をふまえて、意識的に名前を書き分けたものにすぎず、この人物は本来、「ツカ」という名に、渡来系の祖名に付された敬称の一つである「使主」(ヲミ)を加えて、「ツカノヲミ」の祖名で伝承されていた人物であろう。しかも「ツカ」の語は、チカ・トキと共通の語で、朝鮮語の首長を表すタク・トク(褥・徳・啄)に通じる語とされる。

するとツカノオミは、東漢氏の始祖に当たる大首長の意に取ることができ、実在の人物の名としては、あまり相応しくない。ツカノオミを雄略朝ごろの人とすることも、東漢氏の活動期にあわせた時代認識に基づくもので、もともと彼は、東漢氏の観念的な世界において、時代を越えた象徴的な始祖としての位置を占めていた人物と見られる。すなわち始祖である彼と系譜的に結び付くことが、東漢氏の一員たる証しになったとみられるのである。

東漢氏の成立〈渡来系小集団の統合〉

かくのごとくツカノオミの実在性が疑わしいとすると、東漢氏のウジの成り立ちについても、いま、抜本的な見直しが必要となろう。前述のように、東漢氏を構成する枝氏は、六・七世紀にはおおよそ二〇氏弱、八世紀末～九世紀初頭には、『系図』逸文に掲げるものとそこから漏れたものを含めて、七〇氏ほどを数える。このような急激な増加は、主として氏族分裂によって新たな枝氏が誕生したことに起因する。たとえば六・七世紀の文(東文・書)直に該当する氏は、『系図』逸文の段階では、文宿禰・文忌寸・大和国吉野郡の文忌寸・紀伊国伊都郡の文忌寸の四氏（主流）と、文山口忌寸・文池辺忌寸の二氏（傍流）の六氏であるが、このうち少なくとも主流の四氏は文直から分かれた血縁的同族とみられる（加藤謙吉「東文氏とヤマトノフミヒト」『日本歴史』六〇七号、一九九八年）。

しかし氏族分裂による増加は、東漢氏の発展・拡充期に生じた二次的な現象にすぎず、成立当初の氏族組織自体が、血縁的な結合関係を主体として成り立っていたかどうかは疑問である。

前述のように、東漢氏には本来族長が存在せず、坂上氏が政治的に優勢となる八世紀半ばまでは、互いに対等な数個の有力枝氏によって、東漢氏の氏族組織が維持されていた。本宗と支族の区別が明確でないこのようなウジのあり方は、東漢氏という氏族組織が、分裂ではなく、相互に血縁関係のない渡来系小集団の統合によって成立した可能性を示唆する。つまりほぼ対等な条件、もしくは集団間に勢力差があったとしても、絶対的な優劣の差がないような条件の下で統合がなされた場合には、東漢氏内部における諸集団の立場は基本的に対等であり、並立的な状況を呈するとみられるのである。

では統合をうながした要因とは、いったい何であろうか。ウジの成立が、王権への隷属を前提とする以上、東漢氏の氏族組織成立の背景に、渡来系の職務分掌組織の編成を急務とした王権側の強い働きかけが存したことは容易に想像がつく。ただこのような外的な理由とあわせて、内的な要因として、①地縁、②出自の両面を考慮する必要があろう。①は定住地・生活圏の共有によって生じるものであり、②は渡来前の故地・故国の一致、すなわち民族的な連帯に根差したものである。そしてこの二つが互いに作用することによって、統合が促進されたと考えられる。

檜前と今来

『系図』逸文や『続紀』の坂上苅田麻呂の奏言によれば、阿知使主は大和国高市郡檜前《ひのくま》郷（檜前村）に居所を賜わり、仁徳朝に今来《いまき》郡（後に高市郡と改名）を建てたという。また高市郡内は東漢氏の一族（檜前忌寸）とその配下の渡来人が「地に満ち」て居《お》り、他姓の者は十のうち一、二にすぎないあり様であったという（前述）。現在、奈良県高市郡明日香村に檜前の地名が残るが、本来の檜前はもう少し範囲が広く、明日香村檜前のほか、同村野口・平田・栗原（呉原《くれはら》）、高取町土佐・子島《こしま》・清水谷《しみずだに》などを含む。欽明天皇の「檜隈坂合陵《ひのくまのさかいのみささぎ》」が丸山古墳であるとすると、範囲はさらに北に広がり、橿原市五条野《ごじょうの》から大軽《おおかる》・見瀬《みせ》の一部まで及んだことになる（加藤謙吉「東漢氏と檜前」『東アジアの古代文化』一一一号、二〇〇二年）。

一方、今来については、和田萃氏の詳細な研究があり、それによると、本来の範囲は、石舞台・坂田・稲淵・檜前（現明日香村）、身狭《むさ》（見瀬）・軽《かる》（大軽）・久米（現橿原市）などをあわせた地域で、時とともに周辺部へと発展していったらしい（和田萃「今来の双墓をめぐる臆説」『史想』一九号、一九八一年。のち同氏著『日本古代の儀礼と祭祀・信仰』上〈塙書房、一九九五年〉に収録）。今来は檜前の地を包摂するが、地名の由来は、「今来」の渡来人（とくに東漢氏の配下に編入された「今来漢人《いまきのあやひと》」〈新漢人〉）の定住地であったことにちなむ。

東漢氏の枝氏、『系図』逸文に「七姓漢人」や阿知使主の「本郷の人民」の後裔と記す諸氏（東漢氏配下の漢人）のなかには、史料により檜前・今来とその周辺の地（高市郡内）を拠点としたことが確認もしくは推測できるものが、前者は二五〜二八氏程度、後者は一〇氏以上、認められる。実際にはその数はさらに増えると見てよいから、檜前や今来が東漢氏とその配下の渡来人たちの一大集住地であったことは、疑いようのない事実である。

阿知使主が今来郡を建郡し、後に高市郡に改名されたとする『系図』逸文の記事は、律令制の行政区画に基づく表記であり、そのままでは信用できないが、『書紀』も欽明七年七月条に「倭国今来郡」と記している。米沢康氏が指摘されるように、「郡」の訓である

図５　現在の檜前集落（明日香村檜前）

図６　檜隈寺十三重塔

コホリの語は大化前代から存在し、朝鮮語からの借用とみられるから、イマキノコホリが渡来系の集団によって占拠された実体をともなう領域名として、早くから存在した可能性もあながち否定できない（米沢康「コホリの史的性格」『芸林』六巻一号、一九五五年、のち同氏著『日本古代の神話と歴史』〈吉川弘文館、一九九二年〉に収録）。

高市郡の郡域内には高市県主の管掌した高市県も存したから、郡内にはかつて今来コホリと高市アガタの二つの領域が併存し、評制施行によりそれらが統合されて高市評となり、大宝令制で高市郡に移行したと推測することも可能である。いずれにせよ、高市郡の今来が東漢氏を中心とする渡来系諸集団の集住地であったことに変わりはなく、その勢力はさらに周辺部へと拡大していったと解してよいであろう。

一方、古墳時代の遺跡の分布から見て、今来の範囲に含まれる檜前や軽の地域の本格的な開発が始まる時期は五世紀後半から末ごろと推測される。したがって今来の地に大量に渡来系の集団が定住するようになるのも、そのころからと考えなければならないが、昨年（二〇〇一年）末には、高取町の清水谷遺跡で渡来人と関係の深い陶質土器・韓式系土器・大壁建物とともに五世紀後半のオンドル遺構が検出されている。これによって同時期の檜前地域に渡来人の居住していた事実が証明されたが、『書紀』によれば、この五世紀後半から末期は、あたかも東漢氏の伴造としての地位が定まり、都加使主が「東漢直掬」の名で、活動を記されるようになる時期と重なるのである。

ではなぜ、渡来系集団がこの地に移住してきたのであろうか。もとより移住は彼らの自発的な意思によるのではなく、王権への奉仕を前提とした強制にほかならない。おそらく渡来人による今来およびその周辺地域の開発と、職務奉仕のための大王宮への出仕という二つの目的に沿って、移住がすすめられたと考えてよいであろう。

平安時代の史料によると、檜前の地には下《しも》ツ道（大和盆地を南北に縦貫する計画道路の一つ）の東方沿いに檜前条、その東に呉原条という条里の存在したことが知られる。ただ条里地割は実施されず、逆に大和基本条里と方位を異にする道路や畦畔《けいはん》が認められる（奈良県立橿原考古学研究所編『大和国条里復原図』解説、一九八〇年）。この方位の異なる地割（条里地割に先行）の施行者は、すでに指摘されているように、檜前村に定住した東漢氏や渡来系の集団と見て差し支えない。渡来人による開発が、今来の地で実際に行われた形跡が読み取れるのである。

磐余の大王宮

雄略天皇の宮居は記紀によれば泊瀬朝倉宮《はつせのあさくら》であるが、『日本霊異記』には磐余《いわれ》宮にも居住したとする。泊瀬朝倉宮の所在地は『和名抄』の城上郡長谷郷で、五世紀後半の大型掘立柱建物の遺構が検出された桜井市脇本《わきもと》の脇本遺跡を朝倉宮の跡とする説がある。一方、磐余は桜井市の谷・阿部・戒重《かいじゅう》から天香久山北麓にかけての一帯を指す広域的な古地名で、この地には雄略の磐余宮のほか、伝承的なものも含めると、神功皇后と履仲天皇の「磐余稚桜《わかざくら》宮」、清寧天皇の「磐余甕栗《みかくり》宮」、継体天皇の「磐余玉穂《たまほ》宮」、敏達天皇の「磐余訳語田《おさだ》宮」（訳語田幸玉《さきたま》宮）、用明天皇の「磐余池辺双槻《いけのべのなみつき》宮」、崇峻天皇の「石村神前《いわれのかんさき》宮」などの宮居が存在した。

初代天皇とされる神武天皇の名が「神日本磐余彦《かむやまといわれひこ》」であるように、磐余は大王家にとって、神聖な産土《うぶすな》の地として意識されていたらしい。天香久山が聖地とされ、その山の土が「倭国《やまとのくに》の物実《ものしろ》」（倭を代表する土）として、もっとも呪力あるものと信じられていたのも、これと同じ発想に基づく。おそらく磐余が宮都として久しく政治の中心地であったことが、この地に対する産土意識を高め、宗教的な聖域として崇められるまでに至ったのであろう。

磐余に実際に宮居が設けられるようになる時期は、おそらく雄略天皇のころと推測される。履仲天皇の磐余稚桜宮については、宮号の由来が稚桜部の設置と結び付ける形で語られており、「稚桜宮」は後に造作された宮号であることが明らかである。もちろん、履仲が磐余のどこかに宮居を定めた事実までは否定できないが、それもあまり当てにはならない。

一方、雄略には泊瀬朝倉宮と磐余宮の二つの宮居が存したが、稲荷山鉄剣銘には、さらに獲加多支鹵《わかたける》大王の「斯鬼宮《しきのみや》」の名が見える。「斯鬼」は大和国の磯城《しき》の地（後に城上・城下二郡に分かれる）を指し、この宮も含めると、雄略の宮はいずれも現在の桜井市かその周辺にあったことになる。軍事的専制王権の確立者として、彼が三つの宮を所有したことは不自然ではなく、むしろその権威の表象としてとらえることができるが、雄略の諱《いみな》が「オオハツセノワカタケ（ル）」であることを念頭に置くと、彼の本来の宮居は泊瀬朝倉宮であり、そこから西方へ進出する形で、斯鬼宮、磐余宮と、新たに宮を建造していったのであろう。

雄略以後、磐余には代を重ねて大王の宮が営まれるようになった。崇峻五年（五九二）、推古天皇が飛鳥豊浦宮《とゆらのみや》で即位するまで、一時的に他の地域に都が遷ることはあっても、原則として磐余が宮都としての機能を果たしていたと思われる。また欽明天皇の磯城嶋金刺宮《しきしまのかなさしのみや》や崇峻天皇の倉橋柴垣宮《くらはしのしばがきのみや》は、それぞれ磐余に近い桜井市金屋《かなや》や同市倉橋に宮の所在地を比定できるから、これらも広義には磐余の宮都のなかに含めて考えることができる。

檜前や今来への渡来人の大量移住が始まる時期と、磐余に大王宮が営まれるようになる時期とは、どちらも五世紀後半から末で、ほぼ一致する。しかも檜前・今来の地と、磐余やその周辺の大王宮とは、距離的にそれほど離れていない。これを偶然の一致と見ることはできず、王権の側が、意図的に新たな宮都の近くに渡来人を配置させた結果と理解すべきであろう。先に地域開発と大王宮への出仕を目的として、渡来人が送り込まれたと推測したのであるが、移住先が檜前や今来であったのは、新たな王権所在地との地理的関係に基づくところが大きいと推察されるのである。

「漢」の氏名の成立事情

東漢氏の氏族組織は、前述のように、檜前や今来の地に定住した、相互に血縁関係のない渡来系小集団の統合によって成立した。統合を促した要因のうち、①の地縁は、檜前・今来の地で形成されたものである。本来、個々に独立した存在であった集団同士が、新たに与えられた未知の生活空間のなかで共存を余儀なくされ、さらには土地開発や王権への職務奉仕の必要性から、単なる共存にとどまらず、積極的な連携・紐帯の方向を選ばざるを得なくなった状況が想像されよう。

①については、統合に至る過程とその経緯を、ほぼ以上のように概観することができるが、それでは②の出自についてはどうであろうか。東漢氏や西漢氏の「漢」の字は「アヤ」とは読めず、借字にすぎない。「阿野」・「綾」・「穴」などと記す場合もあるから、ア

ヤの氏名がまずあり、これに種々の漢字を当て、後に「漢」の表記に落ち着いたと見ることができる。氏名を「漢」と記す古い例としては、「山東漢大費直《やまとのあやのおおあたい》」（『元興寺伽藍縁起《がんごうじがらんえんぎ》幷《ならびに》流記資財帳《るきしざいちょう》』所収塔露盤銘《とうろばんめい》）、「東漢末賢《めけ(?)》」・「漢奴加己利《ぬかこり》」（『上宮聖徳法王帝説』所収「天寿国繡帳銘」）の人（氏）名や、前述の『坂上系図』所引『東漢費直諸氏記』の書名があり、「漢」字の氏名表記は、六世紀末から七世紀初頭には成立していたとみられる。

秦氏もまた同じころから、ハタの氏名に「秦」の字を当てるようになるが、「漢」・「秦」の氏名は、後に東漢氏が後漢の霊帝、西漢《かわちのあや》氏が後漢の献帝（後述）、秦氏が秦の始皇帝の裔と称したことから分かるように、どちらも中国の王朝名にちなんだものである。すなわち彼らはこのころより自らを中国系と主張するようになったのであろう。

おそらくそれは六世紀後半から七世紀初頭にかけて、中国にならって日本で中華思想が形成されたことと関係すると思われる。日本版中華思想とは、具体的には新羅や百済を大和政権に朝貢する「蕃国《ばんこく》」として扱い、被朝貢国たる自国を中国と並ぶ大国と位置づけることによって、東アジア世界における大和政権の国際的地位を確保しようとしたものであり、遣隋使派遣の目的の一つは、そのことを隋帝国に承認させることにあった。日本の中華思想は律令国家に継承され、令の規定では諸外国はすべて「諸蕃」とされたが、実際にはそれ以前からの伝統に基づき、唐は「隣国」、新羅は「蕃国」として区別されていた。

アヤ・ハタの氏名に「漢」・「秦」の字が当用されたのは、中国と朝鮮諸国を「隣国」と「蕃国」に分けるこの区分観〈差別的な思想〉が、生じたことによるのではなかろうか。『姓氏録』によれば、諸蕃の条に収録される渡来系氏族三二六氏のうち、漢（中国）出自のものが一六三氏ともっとも多いが、その大半は朝鮮系から中国系に出自を改めたものにすぎない。したがって東・西両漢氏や秦氏の場合も同様に考えることができ、朝鮮諸国に対する「蕃国」意識が形成される過程で、渡来系諸氏のなかでもとくに有力であったこれらの氏が、いち早く出自を改変し、「漢」・「秦」の氏名を用いるようになったと推察されるのである。

東漢氏の故国は安羅か

そうすると東漢氏の故国・故地は朝鮮諸国ということになるが、それがどこであったかは記紀には明記していない。①の地縁とあわせて、②の出自が渡来系小集団の統合を促した要因である以上、渡来の時期や事情は個々に異なるものの、彼らは同じ国、同じ地域の出身者であり、その連帯意識が統合を支える絆となっていたはずである。

従来から東漢氏の故国・故地を探る手掛かりとして注目されてきたのは、氏名のアヤであった。氏名が朝鮮半島の加耶《かや》諸国中の強国の一つである安羅《あら》（安邪《あや》、大韓民国慶尚南道《キョンサンナムド》咸安《ハマン》）の国名と一致することから（加耶を加羅とも記すように、朝鮮語ではヤとラは互いに通用する）、東漢氏の故国を安羅に求める解釈がなされてきた。

安羅は北部加耶の大加耶《だいかや》（伴跛《はへ》、大韓民国慶尚北道高霊《キョンサンブクトコリョン》）に対して金官《きんかん》国（金官加羅、慶尚南道金海《キメ》）とともに南部加耶を代表する国であり、高句麗好太王碑文には、永楽十年庚子（四〇〇）の高句麗と倭の戦いに、倭の別働隊とみられる辺防軍の「安羅人戍兵《じゅへい》」の文字が記され、『書紀』の欽明二年七月条には「安羅日本府」の名が見える。「安羅日本府」は、いわゆる「任那日本府」を指すが、実体としては、五三二年の金官国滅亡時に安羅に設置され、新羅に併合された金官国や㖨己呑《とくことん》、卓淳《とくじゅん》の再興を目的として、加耶諸国や百済との交渉に当たった大和政権の出先機関であろう。「倭臣」と呼ばれる日本派遣の官人や現地の日系人らによって構成され、加耶諸国の代表者たちと合議を行い、一定の軍事的機能をも有したと思われる。

　このように安羅は四世紀末から六世紀半ばに至るまで、長期にわたって日本と友好関係を維持している。安羅住民の日本列島への移住が活発かつ継続的に行われた可能性は大きいと見てよいが、それを直接的に伝える史料は、もとより、存在しない。そのため東漢氏を安羅出身とすることに対しては、これを語呂合わせにすぎないと批判する向きもある。

しかし東漢氏と対をなす西漢氏の枝氏のなかに、安羅出身者とみられる氏族が存在する。河内直（忌寸）がそれであるが、『書紀』の欽明天皇二年条や五年の条には、「安羅日本府」の執事（倭臣）に、河内直（闕名）の名を挙げ、同条所引の『百済本記』には彼の名を「加不至費直《かふちのあたい》」と記している。『書紀』の記事や『百済本記』に掲げる加不至費直の系譜などを参照すると、彼の祖父や父はもと加耶の軍事的首長で、父の代に日本に移住。後（おそらく彼の代）に河内国河内郡に居所を構え、河内直の氏姓を賜わり、やがて大和政権の臣僚として、彼が安羅へ派遣されたらしい。

この問題は別に詳しく論じたことがあるので（加藤謙吉『吉士と西文氏』、白水社、二〇〇一年）、ここでは概略だけを述べるが、河内直の祖父・父は、加耶のなかでも安羅の出身者とみられる。河内直は故国の安羅に赴任後、父が日本移住前に儲けた異母兄の阿賢移《あけえ》那斯《なし》と佐魯麻都《さろまつ》を取り込んで、「安羅日本府」の実権を掌握する。新羅や安羅と連携し、加耶への勢力拡大をはかる百済と真っ向から対立するが、阿賢移那斯と佐魯麻都は、安羅の権力中枢と密接に結び付いており、河内直の身内であることに加えて、こうした絆が彼らの「日本府」内における権力の拠り所となったと思われる。そしていうまでもなく、そ

系図5　加不至費直（河内直）とその系譜

那《な》干《かん》（奇《が》）陀《だ》甲背《こうはい》（注1）――（加《か》猟《ろう》直《じ》岐《き》甲背《こうはい》）鷹《よう》奇《が》岐《き》彌《み》（注2）

（加猟直岐甲背）＝安羅の女性
　子：阿賢移那斯、佐魯麻都

（加猟直岐甲背）＝日本の女性
　子：加不至費直（河内直）

（注1）　那干陀（那奇陀）甲背は『書紀』顕宗三年是歳条に、百済と戦い殺害されたと記す任那の「佐魯那奇他《なかた》甲背」と同一人物。「甲背」は笠井倭人氏の説（「加不至費直の系譜について」『日本書紀研究』第五冊所収、塙書房、一九七一年。のち同氏著『古代の日朝関係と日本書紀』〈吉川弘文館、二〇〇〇年〉に収録）によれば、「軍城」・「軍将」の意となる。

（注2）　加猟直岐甲背の「加猟」は加耶・加羅、「直岐」は軍事的首長の意。日本に移住した鷹奇岐彌の加耶での身分・地位を表した称号。加耶諸国のなかで、単独で「加耶」・「加羅」と記される国は大加耶（高霊加耶）、金官国、安羅の三国にかぎられるが、ここでは「加猟」（加耶）は安羅国を指す。

の絆は、祖父や父が安羅の軍事的な首長であったことにより、生み出されたものと推察されるのである。

かくして西漢氏の枝氏のなかに安羅の出身者が実在したとなれば、アヤの氏名が安羅の国名に拠っていることは、もはや疑う余地がないであろう。しかも西漢氏は後述するように、氏名（アヤ）や姓（直）が東漢氏と同じであるのみならず、改姓の過程（直→連→忌寸）や支配下集団（村主・漢人・漢人部・漢部）の組織・構造までが東漢氏とまったく一致する。したがってこのような共通性を前提に据えると、東・西両漢氏の出身地はともに安羅と推断して差し支えない。あるいは安羅だけでなく、南部加耶諸国の出身者も含まれると見るべきかもしれないが、その場合も安羅出身者が中心を占めたことは間違いないと思われる。

以上により、東漢氏のウジの組織が成立する事情がほぼ明らかとなった。繰り返すならば、東漢氏の原型は、大王宮が大和の磐余地方に固定するようになる五世紀後半から末に、高市郡の檜前・今来地方に移住してきた安羅を主体とする南部加耶諸国の出身者が、王権への職務奉仕を前提として作り上げた擬制的な同族団組織と理解することができよう。

では、このようにして形成された東漢氏は、雄略以降の軍事的専制王権のなかで、具体的にどのような政治的位置を占め、いかなる発展過程をたどったのであろうか。以下、この点を検討してみよう。

軍事的専制王権下における東漢氏

東漢氏と大伴氏

まず注目すべきは、五世紀後半・末から六世紀前半にかけて、東漢《やまとのあや》氏が大伴氏と連携していた形跡が認められることである。夙《つと》に上田正昭氏がこの点を指摘されているが（『帰化人』、中央公論社、一九六五年）、都加使主《つかのおみ》が東漢直掬《つか》の名で『書紀』に現れる三条の記事（①雄略七年是歳条、②同二十三年八月条、③清寧即位前紀）には、いずれも「大連」の大伴室屋が名を連ねている。

①はプロローグに掲げたように、百済から渡来し倭国吾礪広津邑《やまとのくにのあとのひろきつむら》に安置されていた今来才伎《いまきのてひと》のなかに、病気で死ぬ者が多かったため、天皇が大伴室屋に詔し、東漢直掬に命じて「新漢《いまきのあや》」の陶部高貴《すえつくりのこうき》ら五人の才伎を、大和国高市郡の上桃原《ももはら》・下桃原・真神原《まかみのはら》の

三ヵ所に遷居させたとする。②と③は星川《ほしかわ》皇子の叛乱に関する一連の記事で、死に際して雄略が室屋と掬に、星川皇子の即位を阻み、白髪《しらか》皇子（清寧）の即位を実現するよう遺詔《いしょう》し（②）、天皇死後の星川皇子の叛乱時に、室屋と掬は遺詔を守って白髪皇子に仕え、兵をおこして星川皇子を殺害したと記す（③）。

①はプロローグでも簡単に触れたが（次の「蘇我氏の台頭と渡来人」の章の「オオマエツキミとマエツキミ」の節で詳述）、本来この話は六世紀代に起こった今来才伎の掌握をめぐる蘇我氏・東漢氏と物部氏・西漢《かわちのあや》氏の対立を投影した伝承であり、東漢直掬のパートナーが蘇我氏ではなく大伴室屋とされるのは、今来才伎の渡来伝承と一体化し、これを雄略朝にかけて記したためとみられる。しかし東漢氏配下の今来才伎（「新漢」＝今来漢人）の優秀性を強調するこの話は、東漢氏の所伝より出た可能性が大で、雄略の詔《みことのり》により、大伴室屋と東漢直掬がともに行動する形の筋立ても、東漢氏の造作に基づくものと見ることができる。

したがって②・③とあわせれば、五世紀後半から末期の東漢氏が、大伴氏と親密な関係にあったことは、事実と認めてよいのではないか。前章で述べたように、大伴氏やその配下の来目《くめ》集団は大和国高市郡の築坂邑《つきさかむら》や来目邑に拠点を持っていた。筆者は大伴氏の旧氏名が「来目」であり、築坂邑や来目邑がこの氏の本拠地で、ここから十市《とおち》郡・城上《しきのかみ》郡方面へと進出したと推測し、大伴氏の祖神を祀る鳥坂神社（大伴神社）が鎮座するこの地域は、大伴氏の産土の地として意識されていた事実を指摘した。

ところが一方で築坂邑や来目邑の地は、東漢氏一族やその支配下集団の定住地である今来の範囲に包摂されるのである。築坂邑のツキサカは、『書紀』に「身狭桃花鳥坂《むさのつきさか》」とあるように、身狭のツキの地にあった坂を意味する。前述のごとく、欽明天皇の檜隈坂合陵が丸山古墳であるとすると、その所在地の橿原市五条野・見瀬・大軽辺りまで檜前（檜隈）の範囲が及ぶことになるが、そうすると築坂邑（橿原市鳥屋町）や来目邑（同市久米町）は、今来の領域に含まれるだけでなく、檜前の地とも境を接する位置にあったことになる。

東漢氏と大伴氏の拠点や勢力圏がこのように重複することは、もとより偶然とは考えられない。東漢氏の母体となった安羅系諸集団の檜前・今来移住が、王権の強制によるものである以上、あるいはそれを推進させた原動力は、ほかならぬ軍事的専制王権を支えた実力者の大伴氏ではなかったかとも考えられるのである。いずれにせよ、両氏の拠点・居所の一致が、王権の意図に基づき実現した政治的な措置であることは、間違いないと思われる。

大伴室屋と東漢直掬が共同して星川皇子の叛乱を鎮圧したという『書紀』の②・③の記事は、大伴・東漢の両氏が軍事行動に及んだことを伝えている。この所伝は、「雄略朝以降の王権と大伴・物部氏」の章の「大伴氏の性格」の節で明らかにした大伴氏の軍事力の一翼を、東漢氏が担った事実を意味するのではなかろうか。

東漢氏の軍事力

東漢氏は改めて述べるまでもなく、軍事氏族として著名であった。皇極四年（六四五）の乙巳《いっし》の変の際には、漢直（東漢直）らが族党をすべて集めて、武装して蘇我蝦夷のために軍陣を設け、壬申の乱には大海人皇子側の軍勢に、書《ふみ》直智徳《ちとこ》・同成覚《じょうかく》・民《みたみ》直大火《おおひ》・同小鮪《おしび》・大蔵直広隅《ひろすみ》・坂上直国麻呂・同熊毛《くまけ》・同老《おゆ》・路《みち》直益人《ますひと》・長尾直真墨《ますみ》・倉墻《くらかき》直麻呂・谷直根麻呂・蚊屋《かや》直木間《このま》らが加わり、また「一、二の漢直」（東漢直の一、二の枝氏）らが、大伴吹負《ふけい》・坂上熊毛の密計により、大海人皇子側に寝返っている。これに対して大友皇子の陣営には書直薬・忍坂《おしさか》直大摩侶・谷直塩手が属し、まさに骨肉相食む形で戦闘に参加している。

天平宝字八年（七六四）の恵美押勝《えみのおしかつ》の乱には坂上苅田麻呂が軍功をあげ、押勝を湖上で捕らえその首を斬った石村村主石楯《いわれのすぐりいわたて》(後、坂上忌寸を賜わる)も、『系図』逸文に阿知使主の「本郷の人民」の裔《すえ》と記す村主姓氏族中の一氏である。押勝の乱の後には、賊と戦い、内裏に宿衛した檜前忌寸二三六人にそれぞれ爵一級(位一階)が与えられている。奈良時代から平安時代にかけて、犬養・苅田麻呂・田村麻呂の三代の著名な武人を出した坂上氏は「家は世々弓馬を事とし、馳射《ちしゃ》を善くす」(『続紀』)・「家は世々武を尚び、鷹を調《ととの》へ馬を相《み》る」(『日本後紀』)と特記された武芸の名門であった。

以上により、東漢氏が長期にわたり一貫して軍事に秀でていたことは明白であるが、とくに注意を要するのは、壬申の乱の際に、大伴吹負が留守司(飛鳥古京防衛のために近江朝が置いた官司)の坂上熊毛や東漢氏の諸氏と事前にはかりごとを巡らし、挙兵していることである。飛鳥古京(倭京)を近江朝軍の手から奪い取るためには、檜前や今来を本拠とし、古京防衛の軍事的要となっていた東漢氏を大海人側に内応させることが不可欠であったが、それを可能ならしめたものは、大伴氏と東漢氏との間の伝統的な軍事交流(地域的結合関係を機軸とする)であったと推察されるのである。

ただ両氏の軍事的関係は、東漢氏が大伴氏配下の軍事的トモに編入されるような公的な関係ではなかったと思われる。天武天皇が東漢氏の「七つの不可」を弾劾した詔(前掲)

のなかで、推古朝から天智朝に至るまで、「常に汝等を謀るを以て事とす」（常におまえたちと謀り、それをあやつることによって陰謀が行われてきた）と述べたように、東漢氏は時の権力と結び、その側近として勢力の拡大をはかることに長《た》けていた。東漢氏の軍事力は、権力者たる大伴氏の私兵的な性格を帯びていたとみられ、むしろこの氏は軍事力の提供によって、私的に大伴氏とのつながりを深め、軍事的専制王権内部での地歩を固めていったと見ることができよう。

東漢氏の発展　東漢氏の氏族的発展は、(A)支配下集団の組織化とその拡大、(B)檜前・今来から周辺諸地域への進出という二つの方向の下に行われたと見てよい。

(A)は具体的には、渡来系の才伎や有識者をトモである漢人に組織化し、その技術や知識を東漢氏が伴造として公的に掌握することを意味するが、漢人に編入された人々は、当初は今来地方の居住者にかぎられ、その数もさほど多くはなかったとみられる。この氏が『系図』逸文に掲げるような、大和以外の諸国を含む多数の漢人（「七姓の漢人」や「阿知使主の本郷の人民」の子孫）を配下に擁する大伴造に成長する時期は、六世紀以降と理解するのが妥当であろう。

ただ(B)の周辺地域への進出にあわせて、それぞれの地の渡来系集団に対する東漢氏の支配力が強まり、五世紀末から徐々に漢人に組織化される者が増加したことは間違いないと思われる。たとえば「葛城氏と渡来人」の章の「葛城地方の渡来人」の節で述べた葛城地方の渡来人たちのなかには、葛城氏の滅亡後、王権の支配下に置かれ、東漢氏配下の漢人に編入されたもの（桑原・佐糜《さび》・高宮・忍海《おしぬみ》の四邑の漢人と村主、桑原史、忍海首、忍海手人、俾加《ひか》村主、桉作《くらつくり》〈栢原《かしはら》村主〉）、東漢氏の葛城進出にともない、檜前から葛城に移住した漢人（檜前調使）や東漢氏の枝氏（檜前直）などが存した。

『系図』逸文に見える東漢氏の枝氏の長尾忌寸（前述）も、「長尾」の氏名は葛下郡の延喜式内社、長尾神社の社地名（現北葛城郡当麻町長尾）にちなむが、葛下郡の長尾の地は二上山山麓を北限とする往古の葛城の領域に含まれる。葛城地方には東漢氏の勢力がかなり積極的に進出したと見て間違いないであろう。東漢氏系の渡来人の分布は、統計的に見ると、葛城が高市郡に次いで高い集中率を占めるのである。

南郷遺跡群の工房に象徴されるように、葛城地方の渡来系工人たちの有する高い生産性とその豊富な人的資源は、王権にとって魅力に満ちたものであったと思われる。そのため葛城氏滅亡後、王権による渡来人の直接支配と技術者集団の再編成がすすめられることになる（前述）。限定的な形ではあるが、すでに軍事的専制王権内で漢人を率いる伴造としての地位を確立しつつあった東漢氏は、王権を支える勢力の一環として、葛城地方に進出し、この地の渡来人に対して部分的に支配を及ぼすに至ったのであろう。

東漢氏自身の有する軍事力や行政能力（財政・外交など）にあわせ、さらにその配下の漢人集団の多種多様な職能が加わることにより、東漢氏の伴造としての実力は一段と強化されることになった。六世紀半ばに大伴氏が「大連」の職位を失うと、東漢氏は新たに興った大和の在地土豪出身の「大臣」蘇我氏と手を結び、引き続き発展を遂げることになる。

六世紀に入り、大和政権は内政・外交上のさまざまな問題に直面せざるを得なくなった。その過程で軍事専制王権を支えてきた二大伴造の大伴・物部両氏の間には深刻な対立が生じ、一方で葛城氏滅亡後、政権中枢から疎外されていた大和や畿内の在地土豪が政治的復権の機会を得ることになる。彼らは新設された「大臣」やマエツキミ（「大夫」）の職位に就き、「大連」とともに、重要政務の合議にあずかるようになった。氏族合議制という政治体制の樹立にあわせて、中央豪族の政治への関与の方法や渡来人との交流の面にも大きな変化がみられるようになる。以下、「大臣」蘇我氏の氏族的性格を明らかにしつつ、六世紀の中央豪族や渡来人の動向を追うことにしたい。

蘇我氏の台頭と渡来人

蘇我氏登場

蘇我氏の系譜（稲目以前）

蘇我《そが》氏は武内宿禰《たけしうちのすくね》の七男の一人、蘇我石川宿禰の後裔《こうえい》と称する氏族である。記紀・『姓氏録《しょうじろく》』『公卿補任《くぎょうぶにん》』『紀氏家牒《きしかちょう》』『蘇我石川両氏系図』などの諸書を参照し、さらに大王家との関係をふまえて、蘇我氏の系譜をまとめると系図6のようになる。

一見して、蘇我稲目《いなめ》より前と後とで系譜が大きく様変わりしていることが明らかであろう。石川宿禰から高麗《こま》までの四代は嫡系的な父子関係だけが知られるだけで、兄弟関係などはまったく不明であるが、稲目より後の系譜は、各世代ごとに兄弟・姉妹関係にある人物群の存在が確認でき、系譜が詳細で、現実性を帯びている。

換言すれば、石川宿禰から高麗までの四代の系譜は単純で、非現実的ということになるが、始祖の石川宿禰は、応神三年に紀角宿禰《きのつの》・羽田矢代宿禰《はたのやしろ》・(平群《へぐり》)木菟《つく》宿禰とともに百済に派遣されたとあるのが、『書紀』に見える唯一の活動記事である。派遣された使者はすべて武内宿禰の男子であるが、彼らの名が記されたのは古伝承や古記録に依拠したためではなく、武内宿禰の後裔氏族系譜成立後に、便宜的に紀・羽田・蘇我・平群の諸氏の始祖名を挙げたものとみられ、明らかに『書紀』編者の造作と思われる。石川宿禰には蘇我氏の始祖としてのオリジナリティーが認められず、実在性に疑問が持たれる。

満智は『書紀』の履仲二年十月条に、平群木菟宿禰・物部伊莒弗大連《もののべのいこふ》・円大使主《つぶらのおおみ》とともに国政を担当したとあり(前述)、『古語拾遺』には雄略朝に大蔵《おおくら》を建て、蘇我麻智《まち》宿禰に三蔵(斎蔵《いみくら》・内蔵《うちくら》・大蔵)を検校《けんぎょう》させたという有名な伝承を掲げている。『書紀』の記事は後に付け加えられた造作とみられるが、『古語拾遺』のそれは、他に見えない独自のもので、蘇我氏が五世紀後半に朝廷のクラの管理に当たった史実を伝えている可能性がある。そのため、満智の実在性を説き、蘇我氏の台頭を満智の時代に求める説が、従来から有力である。

しかし朝廷におけるクラの設置が五世紀後半まで遡るかどうかは定かでない。『古語拾遺』の三蔵のうち斎蔵は存在せず、朝廷内のクラが、百済の二十二部司制の内椋《ないりょう》部と外《がい》椋《りょう》部にならって椋（クラ、内蔵寮の前身官司）と大椋（オオクラ、大蔵省の前身官司）に分かれる時期は六世紀末から七世紀半ばごろまでの間とみられる（石上英一「大蔵省成立史考」、『日本古代の社会と経済』上〈吉川弘文館、一九七八年〉所収、加藤謙吉『秦氏とその民』〈前掲〉）。

したがって蘇我満智の三蔵検校伝承は史実としては認めがたい。後述するように、蘇我氏には馬子《うまこ》の子の雄当《おまさ》（雄正）に始まり、その子の倉山田石川麻呂《くらやまだのいしかわまろ》や連子《むらじこ》・赤兄《あかえ》へと継承される有力な家系に蘇我倉家があり、執政官（「大臣」）として国政を担当する本宗家に対して、朝廷の財政を統括する立場にあった。三蔵検校伝承はそうした蘇我倉家の職掌を蘇我氏の祖とされる人物に投影させる形で伝承化したものとみられ、満智その人の実在性がこの伝承によって立証されるわけではないのである。

次の韓子は、『書紀』の雄略九年三月条に将軍として新羅に派遣され、同五月条に内紛により、紀大磐《おいわ》によって射殺された人物として描かれている。ただ「韓子」の名は、「大《お》日本《やまと》の人、蕃《となりぐに》の女を娶りて生めるを、韓子とす」（『書紀』継体二十四年九月条分注）とあるように、日朝混血児を指す言葉として使われており、個人の実名としては相応しくない。

系図6　蘇我氏略系図

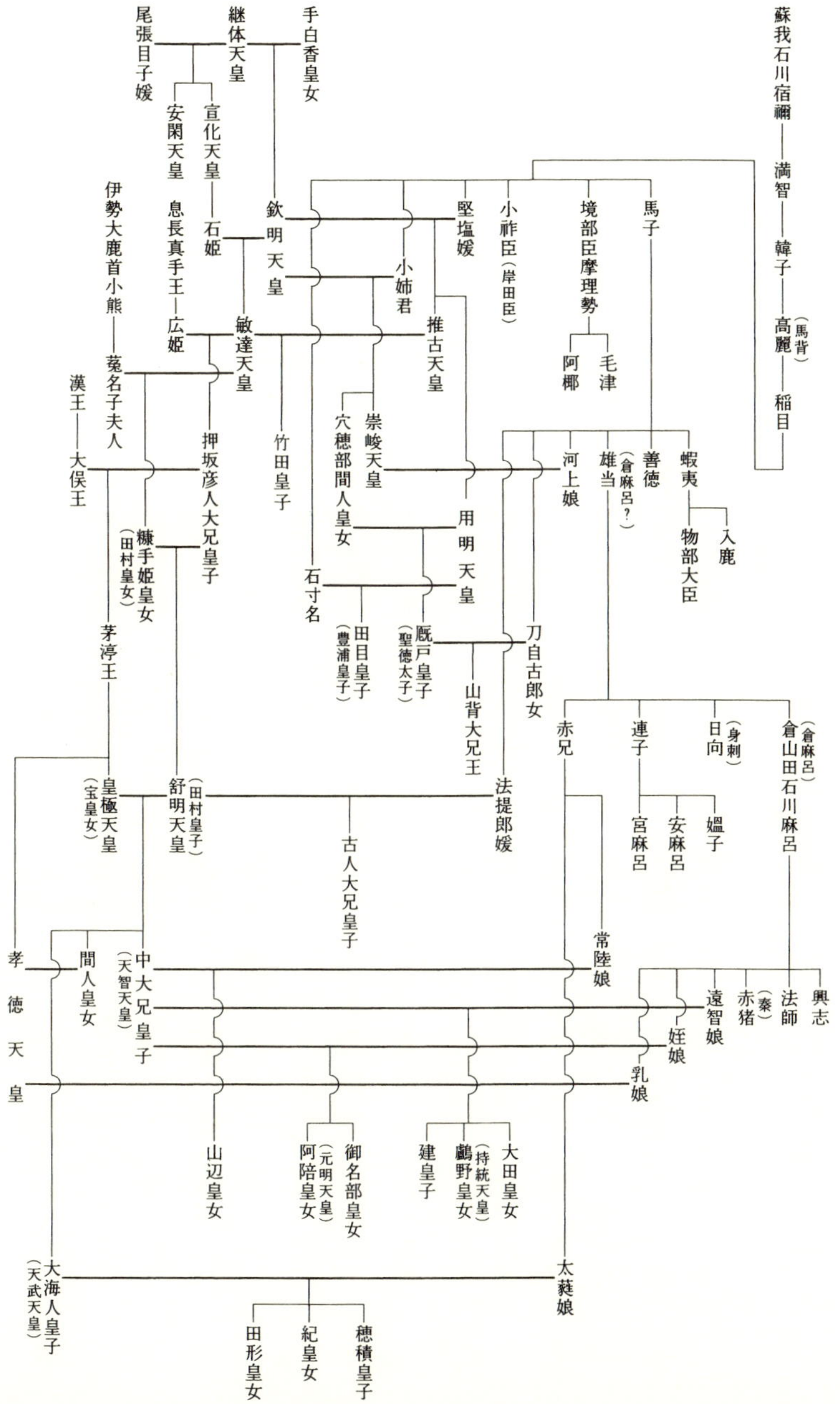

蘇我石川宿禰
満智
韓子
高麗（馬背）
稲目
馬子
境部臣摩理勢
小祚臣（岸田臣）
堅塩媛
毛津
阿椰
蝦夷
善徳
雄当（倉麻呂？）
河上娘
入鹿
物部大臣
手白香皇女
継体天皇
尾張目子媛
宣化天皇
安閑天皇
石姫
欽明天皇
小姉君
推古天皇
敏達天皇
広姫
息長真手王
伊勢大鹿首小熊
菟名子夫人
崇峻天皇
穴穂部間人皇女
竹田皇子
押坂彦人大兄皇子
漢王
大俣王
糠手姫皇女（田村皇女）
用明天皇
石寸名
田目皇子（豊浦皇子）
厩戸皇子（聖徳太子）
刀自古郎女
山背大兄王
茅渟王
倉山田石川麻呂（倉麻呂）
日向（身刺）
連子
赤兄
媼子
安麻呂
宮麻呂
法提郎媛
舒明天皇（田村皇子）
皇極天皇（宝皇女）
古人大兄皇子
常陸娘
孝徳天皇
間人皇女
中大兄皇子（天智天皇）
興志
法師
赤猪（秦）
遠智娘
姪娘
乳娘
山辺皇女
御名部皇女
阿陪皇女（元明天皇）
大田皇女
鸕野皇女（持統天皇）
建皇子
大海人皇子（天武天皇）
太蕤娘
穂積皇子
紀皇女
田形皇女

あるいは韓子《からこ》の「子」は、中臣御食子《みけこ》（弥気《みけ》）や阿倍鳥子《とりこ》（鳥《とり》）の例にみられるように、男子の名に付される接尾語の「子」で、この人物の実名は「韓子」ではなく、「韓」と理解すべきかもしれない（佐伯有清「貴族文化の発生」岩波講座『日本歴史』二〈岩波書店、一九七五年〉所収）。ただその場合も、異国風ではあるが、個人の実名とするには「韓」はいささか安易な命名で、作為の跡が濃厚である。『書紀』の記事は、五世紀後半ごろ、紀氏などとともに蘇我氏の祖先に当たる人物が朝鮮に出兵した事実を伝えている可能性はあるものの、その祖先が実際に「韓子」もしくは「韓」の名を名のっていたかどうかは、保証のかぎりではない。

続く高麗の名は記紀には一切見えない。『公卿補任』や『紀氏家牒』、『蘇我石川両氏系図』の系譜に名前が記されるだけで、稲目より前の四代のなかでももっとも影の薄い存在である。コマの人名を持つ者は、通常、『書紀』では「大伴連狛」・「出雲臣狛」・「東漢直駒」のように、「狛」や「駒」の字を宛て、「高麗」はもっぱら国名表記の場合にのみ用いられる。蘇我高麗の名が「狛」や「駒」でなく、当初からの表記に基づくものであるとすれば、人名としてはいささか不自然である。

加えて『紀氏家牒』は、「蘇我馬背宿禰の男、稲目宿禰」と記し、さらに「韓子宿禰の男、蘇我馬背宿禰、亦《また》、高麗宿禰と曰ふ」とする。これによれば、稲目の父で韓子の子に当たる人物の名は馬背《うませ》であり、高麗はその別名（亦名・更名《またのな》）にすぎないことになる。馬背の名は『姓氏録』にも見え、右京皇別上の御炊《みかしき》朝臣の本系に「武内宿禰の六世の孫、宗我馬背宿禰の後なり。……」と記している。

『紀氏家牒』では馬背は武内宿禰の四世孫に当たり、六世孫は馬子の世代となるから、『姓氏録』の記事は世代数を誤った（六→四）か、別祖名を誤った（馬背→馬子）かのどちらかであろう。いずれにせよ馬背の名が『紀氏家牒』と『姓氏録』に共通して見えることは、この人物が稲目以前の蘇我氏の祖として、一族の間で認知され伝承されていたことを示唆する。おそらく『紀氏家牒』は稲目の父を高麗とする別伝の存在を配慮して、馬背の亦名を高麗と付記したのであり、馬背と高麗が、必ずしも本来、同一人として扱われていたわけではない。高麗を蘇我氏の実在の祖とすることは、これによってますます困難となろう。

以上、石川宿禰から高麗に至る四代の蘇我氏の人物は、高麗と世代の重複する馬背を除いて、いずれも実在性が危ぶまれ、この間の系譜は、一括して後に創作架上された疑いが持たれる。蘇我氏が確実に史上に姿を表すのは稲目の代からであって、事実上、稲目がこの氏の始祖的位置を占めているのである。

蘇我氏の同族とその分立の時期

ここで蘇我氏と同族関係にある諸氏について見ると、川辺《かわのべ》（河辺）・田中・高向《たかむく》・小治田《おはりだ》（小墾田）・桜井・岸田（涯田）・田口（蘇我田口）・久米・御炊《みかしき》・箭口《やぐち》・境部《さかいべ》（蘇我境部）の一一氏を挙げることができるが、『姓氏録』などを参照すると、稲目より分かれて独立した、もしくはそのように推測できるものが八氏ともっとも多く、残りも稲目の一代前か一代後に分立している。

しかもこれらの諸氏の活動が『書紀』に記されるようになる時期は、彼らが蘇我氏から分立したとする時期と抵触しないばかりか、ほぼ一定の間隔を保ってこれと照応する。加えて田中・高向・境部・川辺・小治田・田口の諸氏は、七世紀には「大臣」の蘇我氏の下で、マエツキミ（大夫）の職位に就くほどの有力氏となっており、蘇我一族の存亡にかかわる重大事件には、彼らが必ずなんらかの役割を担って関与している。

それゆえ、これらの諸氏の大半は、実際に蘇我稲目の時代を中心に、六世紀から七世紀初頭にかけて蘇我氏から分岐独立した一族であり、本宗の蘇我氏と血縁関係で結ばれていたと見ることができよう。しかもこのような同族群の形成は、蘇我氏の大和政権内における政治的地位の向上と不可分の関係にあるから、蘇我氏は六世紀に入って台頭した新興氏族とみなすことができる。

稲目より一代前に分立したとされるのは、『姓氏録』に「武内宿禰の四世の孫、宗我宿禰の後なり」と記す川辺氏であるが、宗我宿禰の「宗我」は氏名を指し、人名を欠いている。佐伯有清氏が推測されるように、『姓氏録』の原本には「宗我」の下に「馬背」の二字があったと見るべきであろう（『新撰姓氏録の研究』考証篇二、吉川弘文館、一九八二年）。したがって川辺臣は馬背より分かれて独立した氏ということになり、前述の御炊氏の場合にも、その可能性が濃厚となる。

ただ、このように稲目よりも前に分岐独立した氏が存することをもって、五世紀後半以降の蘇我氏が、それなりに有力な氏族であったことを認めようとする説があるが（熊谷公男「蘇我氏の登場」『古代を考える・継体・欽明朝と仏教伝来』〈吉川弘文館、一九九九年〉所収）、馬背より分かれたということは、換言すれば馬背の子（稲目の兄弟）の時代に独立して新しいウジを名のったということにほかならず、ウジの成立は実質的に稲目の活動期と重複するのである。川辺氏らの分岐独立を根拠に、『書紀』や『古語拾遺』の伝える蘇我氏の五世紀代の活動に、ある程度信憑性を見出そうとすることは、いささか無理があるように思われる。

稲目より前の系譜の創作者

それでは石川宿禰から高麗に至る四代の祖は、はたして誰が創作し、蘇我氏の系譜に付け加えたのであろうか。注目されるのは、蘇我氏が天武朝、おそらくは天武十年（六八一）ごろに、氏名を蘇我から石川に改名していることである。理由は壬申の乱で一族の主だった者が大友皇子の陣営に加わり処罰されたことを嫌って、ウジの再生をはかろうとしたためと推察されるが、改名は蘇我連子《むらじこ》の子や孫を中心に行われた。彼らは前述の蘇我倉家の系統に属する人々であり、新氏名の「石川」は、蘇我倉家の本拠地で、大和国高市郡と並ぶ蘇我氏の一大勢力圏であった河内国石川地方（石川郡・錦部《にしこり》郡）の地名に基づいている。

馬子の子の雄当を祖とする蘇我倉家の人々は、人名の一部や通称に「倉」「蔵」の字を帯びることを特徴とする。倉山田石川麻呂（雄当《おまさ》の子）の「倉」のほか、彼の弟の連子や赤兄は、『公卿補任』によれば、字や号が「蔵大臣」とされる。この家系の人々は、東漢氏の枝氏や秦氏などから成るクラ関係の伴造やクラヒト（蔵人・倉人・椋人）・カギトリ（鎰取・主鎰）などのトモを率いて（渡来系の伴造・トモを主体とする）、朝廷のクラの出納や管理などを統括する要職に就いていたと思われる。『書紀』の舒明即位前紀には、当時の大夫（マエツキミ）の一人に蘇我倉麻呂の名を記し、「更名《またのな》は雄当」と注記するから、雄当もまた倉麻呂という名を持っていたように見受けられるが、おそらくこの倉麻呂は倉山《くらやま》田石川麻呂《だのいしかわまろ》のことで、『書紀』は誤って父親の名を、更名として注に竄入《ざんにゅう》してしまったのであろう。

　倉山田石川麻呂の実名（諱《いみな》）は麻呂であり、「倉」・「山田」・「石川」は、どれも実名に冠せられた通称的な呼び名にすぎない。このうち「石川」は河内国石川地方の地名に基づく。「山田」は彼が造営に着手した山田寺やその居所の「山田之家」のあった大和国十市郡の山田（現桜井市山田）の地名にちなむとする説が有力であるが、本来は『上宮聖徳法王帝説』に見える河内国石川郡の古地名、「川内志奈我山田寸《かわちのしながのやまだむら》」の「山田」（現大阪府南河内郡太子町山田）に由来すると思われる。すなわち倉山田石川麻呂の本拠地は河内国石川

系図7　蘇我倉家

- 蘇我馬子
  - 蘇我蝦夷（**「大臣」**家）
    - 入鹿
  - 蘇我雄当（**倉家**）
    - **倉**山田石川麻呂（**倉**麻呂）
    - 連子（字**「蔵大臣」**）
      - 安麻呂
        - 石川朝臣石足
      - 石川朝臣宮麻呂
    - 赤兄（号**「蔵大臣」**）

地方の山田であり、大和の山田は彼とその一家が飛鳥の宮廷に出仕する際の拠点となった所で、河内の本拠地の名にならって、「山田」と名付けられたと推察されるのである。

蘇我氏の同族のうち、川辺氏は河内国石川郡河野辺《かわのべ》（現南河内郡千早赤阪村河野辺）、高向氏は河内国錦部郡高向村（現河内長野市高向《たこう》）、桜井氏は河内国石川郡桜井（現富田林市桜井）の地名とウジが一致し、実際に彼らが石川地方のこれらの地に居所を構えていた痕跡が史料からうかがえる。『書紀』に見える蘇我馬子の「石川の宅《いえ》」の所在地も、河内の石川とみられ、十一世紀半ばの天喜五年（一〇五七）の時点でもなお、石川氏の子孫に当たる宗岡氏が、先祖の宗我大臣（馬子のこと）の建立したと伝える竜泉寺《りゅうせんじ》（富田林市竜泉に所在）を氏寺として、石川の地に居住していた（『春日神社文書』）。

河内石川地方が、蘇我氏とその同族にとって最重要拠点の一つであったことが、これによってよく分かるが、蘇我倉家は大和国高市郡の蘇我本宗家（「大臣」家）に代わって、この地の蘇我系諸氏を主導する地位にあったのであろう。おそらく「石川の宅《いえ》」を中心とした馬子の石川地方の所領が、馬子から雄当を経て倉山田石川麻呂に伝領され、蘇我倉家の人々に受け継がれていったとみられるのである。

『日本三代実録』の元慶元年（八七七）十二月二十七日条には、石川朝臣木村と箭口《やぐち》朝

臣岑業《みねなり》が、石川・箭口を改めて、宗岳（そが・むねおか）朝臣を賜姓されたことを記しているが、賜姓を申請した木村の奏言には、

始祖大臣武内宿禰の男、宗我石川、河内国石川の別業《なりどころ》に生まる。故《かれ》、石川を以て名と為す。宗我の大家《おおやけ》を賜りて居と為し、因《よ》りて姓を宗我宿禰と賜ふ。……先祖の名を以て子孫の姓と為すは、諱を避けず。

とある。

この記事に基づき、蘇我氏の発祥地を河内の石川に求め、その後、大和国高市郡の宗我（蘇我、現橿原市曾我町）に居を移したとする説もあるが、賛成できない。木村の奏言は史実に依拠したものではなく、宗岳への改姓を正当化するために、子孫として始祖の諱（実名）を避ける必要性を述べたものにすぎない。石川の地から高市郡の宗我へ居を移したと主張したのは、生誕地にちなんで始祖の名が付けられたと説くことにより、話の辻褄を合わせようとしたもので、賜姓を目的とした作り話であることは明白である。

蘇我石川の始祖名が、河内石川の地名と結び付くことは確かであるが、より正確にはこの地を本貫とし、それによって石川と改名した蘇我倉家の人々の新しいウジに基づく命名と見るべきであろう。これに旧氏名の蘇我を冠すれば、「蘇我石川」という複合的な始祖

名が成立することになる。

このように見ると、蘇我氏の系譜を稲目の代で前後に区切り、石川宿禰から高麗に至る四代を、すべて「蘇我倉氏」（筆者の言う蘇我倉家）の構想になる人物と解し、「蘇我倉氏」がこの四代の名を系譜に架上させたと説く志田諄一氏の説が、もっとも説得力があるように思われる（『古代氏族の性格と伝承』、雄山閣出版、一九七一年）。四代の人物の存在感が希薄なことも、人名が実在の個人名にそぐわないことも、志田氏のように考えると納得がいくのである。

蘇我満智と木刕満致

蘇我満智については、かつて『書紀』や『三国史記』（高麗の金富軾《きんふしょく》らが一一四五年に編纂した新羅・高句麗・百済の朝鮮三国に関する官撰史書）に見える百済の権臣の木満致《もくまんち》（木刕《もくら》満致）と同一人とし、蘇我氏を百済系渡来人と見る門脇禎二氏の説（「蘇我氏の出自について――百済の木刕満致と蘇我満智――」『日本のなかの朝鮮文化』一二号・一九七一年、同「蘇我氏の形成と朝鮮文化」『季刊三千里』七・一九七六年、同『飛鳥――その古代史と風土――』〈新版〉日本放送出版協会、一九七七年）が発表され、大きな反響を呼んだが、すでに別著で詳しく論じたように、この説には従うことができない（加藤謙吉『蘇我氏と大和王権』、吉川弘文館、一九八三年）。

門脇説に対する細かい批判はここでは省略するが、①満智と満致が同音・同名であることを除くと、両者を同一人とする確証が何もないこと、②木劦満致が日本へ召致された可能性はあるが、それは一時的なもので、亡命による定住とは考えがたいこと、③木劦氏は五世紀末に台頭し、やがて百済の「大姓八族」（『隋書』百済伝）に数えられるほどの雄族に成長するが、一族の有力者であった木劦満致が、五世紀後半に日本に亡命したとするならば、その後の木劦氏の興隆はありえないと思われることなどが、同一人否定の主たる理由である。

『書紀』の天智元年六月条は、百済の達率《だちそち》（百済の官位十六階の第二位）の「万智」の名を記すから、すでに指摘されているように、マンチ（満致・万智）は百済特有の人名と見ることもできないわけではない。すると蘇我氏の系譜で、満智に続く二世代が韓子（韓）と高麗とされることとは、たとえ作為性が強い名とはいえ、この氏の出自が朝鮮諸国とかかわる可能性を一方で示唆する。しかしおそらくそれは蘇我氏の氏族的な特性によるものであって、出自とは無関係であろう。すなわち蘇我氏とその同族が大和政権の対朝鮮外交や軍事行動に関与した事実や、婚姻関係を含む蘇我氏と渡来系氏族との親密な交流の結果が、異国風の祖名を作り出した原因とみられるのである。蘇我氏自身が木（劦）氏の後裔であったり、他の朝鮮系移住者の子孫に当たる氏族であったとは思われない。

蘇我氏と忌部氏

むしろそのこととは別に、満智（麻智）の名が斎部《いんべ》（旧氏名は忌部）広成の著した『古語拾遺』の三蔵検校伝承のなかに見えることに注目したい。『古語拾遺』は神武朝に斎蔵、履仲朝に内蔵、雄略朝に大蔵が建てられたとするが、このうち内蔵・大蔵の設置については、記紀の履仲天皇条や『姓氏録』の秦氏の本系に、関連もしくは該当する記事が認められる。斎蔵の設置だけが『古語拾遺』独自のもので、「宮の内に蔵を立て、斎蔵と号《な》曰《づ》けて、斎部氏をして永く其の職に任《ま》けしむ」と記すから、斎蔵を朝廷内に設けられた最古の蔵と位置づけ、その管理者たる忌部氏の権威を強調しようとした意図が如実にうかがえる。三蔵検校伝承は『書紀』や秦氏の所伝を参照して、忌部氏が創作したものと推断してよいであろう。

問題はなぜ、『古語拾遺』が三蔵の検校者として蘇我満智の名を持ち出したかということであるが、これには二つの理由が考えられる。第一はいうまでもなく、蘇我倉家が朝廷のクラの管掌者であったからで、満智の名が蘇我倉家により、五世紀代の蘇我氏の祖に加えられたことを受けて、忌部氏は満智を三蔵の検校者に振り当てたとみられるのである。第二は蘇我氏と忌部氏が地縁的に結び付くことである。忌部氏の本貫地は大和国高市郡

図 7　宗我坐宗我都比古神社

忌部（現橿原市忌部町）であり、蘇我氏の本拠地の高市郡宗我と曾我川を挟んで対峙する。五世紀後半から六世紀前半期の膨大な玉製品が出土したことで有名な曾我遺跡の玉作遺構は橿原市曾我町字佃田・敷ノ前・小泉丸に位置するが、西北に近接して蘇我氏の祀った宗《そ》我《が》坐《にいます》宗《そ》我《が》都《つ》比《ひ》古《こ》神社（延喜式内社）があり、蘇我氏の本拠地の中心部に位置する。

この玉生産遺跡は、生産開始が軍事的専制王権の成立する五世紀後半であることから、王権直属の生産工房としての性格を持つと思われるが、生産に従事したのは、平林章仁氏が指摘されるように、祭祀に必要な物資として材木・木綿・麻布などとともに、玉を貢納する任務を負った忌部とその管掌伴造の忌部氏であろう（『蘇我氏の実像と葛城氏』白水社、一九九五年）。

曾我遺跡の玉生産は六世紀後半まで継続するが、蘇我氏の台頭する六世紀前半以降は、生産が急激に衰退に向かう（奈良県立橿原考古学研究所『奈良県遺跡調査概報』一九八二年度・同一九八三年度）。したがって蘇我氏がこの玉生産になんらかの形で関与し、受益にあずかった可能性は一概に否定できないものの、生産期間や生産方式（王権の直接経営）を考慮すると、蘇我氏の得た利益はかぎられており、この氏の富や権力に直結するような大掛かりなものではなかったと思われる。

それよりも、忌部氏の生産活動が、隣接する蘇我氏の生活圏内で行われている事実を重視する必要があろう。平林氏が指摘されたように、室町期のものとみられる『忌部庄差《さし》図《ず》』（『談山神社文書』）には、

忌部　大路堂　曾我　此の三箇庄は往古より野一《のひとつ》の在所なり。

との書き入れがあり、宗我（曾我）と忌部は隣接地ではなく、同一地域内の土地として扱われている。蘇我・忌部両氏が地縁を基礎として密接な関係を形成していたことは容易に想像がつくのであって、両氏の力関係を考慮すると、それは忌部氏が蘇我氏に従属する形を取ったと見て差し支えない。

おそらくこのような地縁に基づく従属関係をもとに、三蔵検校伝承は構想されたと見ることができよう。すなわち『古語拾遺』は、神武朝以来、忌部氏が管理してきた斎蔵が、内蔵・大蔵とともに、雄略朝に一括して蘇我倉家の祖の蘇我満智に検校されたという伝承を作り上げることにより、歴史的には実在しなかった斎蔵が、内蔵・大蔵以上に伝統のあるクラであるように見せかけようとしたと思われるのである。

蘇我氏のウブスナ（本居）

かくして、稲目より前の蘇我氏の系譜や伝承類は、いずれも後の時代に作られたもので、史実に基づく記述ではないことが明らかとなった。五世紀代の蘇我氏は、その全容がほとんどヴェールに覆われていて、実像を探り当てることは容易ではない。ただ詮索の手だてがまったくないわけではなく、『書紀』に掲げる次の二条の記事が、その糸口となるように思われる。

一つは推古三十二年（六二四）十月条で、蘇我馬子が阿曇連《あずみ》（闕名）と阿倍臣摩侶を使者に立てて天皇に奏し、葛城県の下賜を請うたものであるが、その理由として、

葛城県は、元臣が本居《うぶすな》なり。故、其の県に因《よ》りて姓名《かばね》を為せり。

との馬子の言を掲げている（**甲**）。他の一つは皇極元年（六四二）是歳条で、蘇我蝦夷が「己《おの》が祖廟」を葛城の高宮に立てて、「八佾《やつら》の舞」を舞わせたとするものである（**乙**）。

甲、**乙**を素直に読めば、葛城県が馬子のウブスナの地（出生地、または故郷、本拠地）であり、その県にちなんで姓名を名のっていること、葛城県のなかでもウブスナの地は、蝦夷《えみし》が祖廟を立てた高宮（葛上郡高宮郷、高宮邑）の辺りであったことが知られる。そのため志田諄一氏（前掲書）のように、これらの記事を全面的に史実と見て、葛城地方が蘇我氏の本拠地であり、蝦夷が葛城の高宮に祖廟を立てたとある以上、稲目かその父あたり

が葛城出身であったと解する見方がまず成り立つ。つまり蘇我氏を葛城氏の系統の氏族と見るのである。

ただこのような見方に対しては、葛城地方を蘇我氏の二次的な進出地と解し、蘇我氏と葛城氏との関係を否定することも、一方で可能である。つまり『書紀』は、**甲**で王権の直轄領である葛城県に対する馬子の露骨な領土的野心を、**乙**では天子の特権である「八佾《やつら》の舞」を舞わせた越権行為を、それぞれ批判的な筆致で描いている。どちらも『書紀』特有の蘇我氏専横記事のなかに現れるもので、天皇絶対史観に立った造作色の強い内容から成る。

甲の馬子の奏請が天皇の英断で拒否されたとし、**乙**の「八佾《やつら》の舞」が『論語』巻二の、

孔子、季《き》氏を謂《のたま》わく、八佾《はちいつ》、庭に舞わす、是をも忍ぶべくんば、孰《いず》れをか忍ぶべからざらん。

の一節の焼き直しにすぎないように、記事の主眼は、臣下としての身分を逸脱した馬子や蝦夷の行為を弾劾することにある。したがってこれらの記事は歴史的事実を伝えたものではなく、蘇我氏の葛城進出という事実に基づいて後に構想されたもので、「祖廟」や「八佾《やつら(はちいつ)》の舞」という日本にはない習俗が、**乙**に記されたのも、『書紀』の政治的意図に根差し

た文飾と受け取ることができると理解するのである。

筆者は、**甲**、**乙**に『書紀』編者の大幅な潤色が加えられたとする見方に、基本的には異論がない。しかし蘇我氏のウブスナが葛城の高宮にあり、この氏が「葛城」を姓名としたことまでをも、事実無根と断定してしまってよいであろうか。否定されるべきは、馬子の要求の僭越性や蝦夷の越権行為の記述の方であって、葛城地方や葛城氏との関係は、逆に何かよるべき根拠があったように思われる。これらの話は、蘇我氏のウブスナが葛城であるという事実を前提に据えてこそ、はじめて馬子や蝦夷の行為の非道ぶりを効果的に語ることができるとみられるのである。葛城地方が蘇我氏の単なる進出地にすぎないとすれば、馬子の要求や蝦夷の行為は、物語的な興味や展開といった点からも、まったく脈絡のない不自然な構成になってしまうであろう。

「本居」（ウブスナ）の意味

一方、**甲**の「本居」（ウブスナ）を馬子の出生の地の意に取り、**甲**の記事は、馬子の母が葛城氏または葛城の地の女性で、彼が母の実家で生まれ育ったことを示しているとする説がある（山尾幸久「蘇我氏の発展」『古代を考える・蘇我氏と古代国家』〈吉川弘文館、一九九一年〉所収、熊谷公男「畿内の豪族」『新版古代の日本』近畿Ⅰ〈角川書店、一九九二年〉所収）。これらの説では、葛城は蘇我氏の本拠地ではなく、また蘇我氏は葛城氏の後裔（父系出自の意において）でもなかったことになる。

しかし「葛城氏と渡来人」の章の「葛城氏の滅亡」の節で論証したように、推古朝末年（七世紀前半）には葛城氏はすでに滅亡しており、存在しないはずである。山尾氏は『書紀』などに六世紀末〜七世紀初頭の人物として見える葛城臣烏那羅《おなら》（烏奈良・小楢）を葛城氏の一族の者と見て、未だ葛城氏が健在であったとされるが、後述するように烏那羅は蘇我氏から分かれて葛城氏（蘇我葛城〈木〉氏）を名のった人物で、五世紀代の葛城氏の直接の子孫ではない。

さらに『姓氏録』左京皇別下には葛城朝臣の本系を掲げ、「葛城襲津彦の後なり」とするが、この氏も、佐伯有清氏が指摘されるように、渡来系の朝野《あさの》宿禰（旧姓は忍海原連で、忍海村主や忍海邑の漢人と同系）が仮冒《かぼう》により葛城朝臣と称したものにすぎず、本来の葛城氏とは別系の氏である（『新撰姓氏録の研究』考証篇第二）。前述した『古事記』孝元天皇段の武（建）内宿禰後裔氏族系譜では、葛城長江曾都毘古《かずらきながえのそつひこ》を始祖とする氏族は玉手臣《たまてのおみ》・的《いくはの》臣《おみ》・生江臣《いくえのおみ》・阿芸那臣《あぎなのおみ》の四氏にかぎられ、葛城氏の名は見えない。これは武内宿禰の後裔系譜が成立したころ（七世紀後半〜末）に、襲津彦の裔《すえ》と称する葛城氏がもはや存在しなかったことを意味するのであろう。

乙で蝦夷が「祖廟」を葛城の高宮に立てて「八佾の舞」を舞わせたとあるのも、蝦夷がこの地で祖先の祭祀を行った事実に基づく作為とみられる。高宮は「葛城氏と渡来人」の章の「葛城襲津彦と渡来人」の節で述べたように、葛城氏（葛城の首長たちの連合体）の奉祭神とみられる葛城の一言主大神の鎮座地であるとともに、葛城氏の初期の盟主的豪族が本拠とした地域であり、この豪族はまた記紀の葛城襲津彦像のモデルとなった人物でもあった。そうすると、蝦夷がこの地で祖先を祀ったのは、蘇我氏を葛城氏のなかでも正統派である高宮の在地土豪の後裔と位置づけようとする明確な意図があったからと判断せざるを得ない。**甲**の馬子の主張とあわせると、葛城の地や葛城氏に対する蘇我氏の帰属意識はかなり根強いものがあり、このような意識は出生地が葛城であったという事実だけでは、容易に醸成されるはずもないと思われる。

葛城臣烏那羅と葛城(木)寺

ここで蘇我氏と葛城・葛城氏との関係を示唆する事例を一、二挙げてみよう。最初は先に触れた葛城臣烏那羅である。『書紀』によれば、彼は用明二年（五八七）、天皇の死後に、蘇我馬子が王族や群臣（マエツキミ）に勧めて編成した物部守屋討伐軍に、群臣の一人として加わり、崇峻四年（五九一）

には新羅を討つための大将軍に任ぜられている。さらに『上宮聖徳法王帝説』には聖徳太子創立七寺の一つに葛木寺の名を挙げ、「葛木臣に賜ふ」と注記するが、この葛木（城）臣も、烏那羅と同世代の人物であり、同一人とすべきであろう。葛木寺を厩戸《うまやど》皇子の創建とすることは、もとより作り話にすぎないが、彼の名は蜂丘寺《はちおかでら》を賜わった川勝《かわかつ》秦公（秦造河勝）と併記されており、おそらく厩戸皇子の側近であったと推察される。

すると『伊予国風土記』逸文の「伊予湯岡碑《いよのゆのおかのひ》」（『釈日本紀』一四・『万葉集註釈』三所引）に、法興六年（推古四年〈五九六〉）、法王大王（厩戸皇子）、恵慈《えじ》とともに伊予の温泉に来ったとされる「葛城臣」も烏那羅を指すと見てよいであろう。しかも彼は、蘇我氏一族の出身であったと思われる。『上宮聖徳法王帝説』の太子創立の七寺について、『聖徳太子伝暦』にも『帝説』と同様の記事があるが、『伝暦』の方は、「蘇我葛木臣に賜ふ」と氏姓を複姓で注記している。蘇我蝦夷の叔父であった境部《さかいべ》臣摩理勢《まりせ》が、やはり『聖徳太子伝暦』に「蘇我境部臣」と複姓で記されることや、本宗の氏名（＝「蘇我」）が上部に来るこの種の複姓は、本宗氏と系譜的同族関係にあるケースが一般的であることなどを参照すると、烏那羅もまた稲目か馬子の代に、蘇我から分岐独立して葛城のウジを名のったと見ることができる。

葛城（木）寺は葛城地方ではなく、高市郡の蘇我氏の勢力圏内にあった。『続紀』の光仁天皇即位前紀に童謡《わざうた》を掲げ、白壁王《しらかべ》（光仁）が皇位につく徴《しるし》であるとするが、童謡には、

葛城寺の前なるや　豊浦寺の西なるや　おしとど　としとど　桜井に　白壁沈《しず》くや

好《よ》き壁沈くや　おしとど　としとど（下略）

とあり、平城京へ遷《うつ》る前の葛城寺が豊浦寺《とゆらでら》と隣接する位置にあったことが知られる。豊浦寺は蘇我稲目の牟久原《むくはら》（向原）の家に始まると伝えられるが（『元興寺伽藍縁起幷流記資財帳《がんごうじがらんえんぎならびにるきしざいちょう》』）、向原は豊浦と同一地域内にあり、同じ稲目の「小墾田の家」とあわせて、豊浦・小墾田の付近に彼の邸宅が存在したとみられる。「豊浦大臣」・「蘇我豊浦蝦夷臣」などと称された蝦夷の場合も同様で、さらに蘇我氏同族の小治田（小墾田）氏の本拠地もここにあった。

葛城寺は大野《おおの》丘の北の塔（『書紀』によれば、馬子が敏達十四年に創建）跡と伝える橿原市和田町字トノンダ（「塔の田」の意？）の和田廃寺跡に比定することができる。延久二年（一〇七〇）の「興福寺雑役免坪付帳《ぞうやくめんつぼつけ》」（『平安遺文』九巻四六三九・四六四〇号文書）には、「葛城寺田二町九段六〇歩」が高市郡二十八条二里七・八・十七・十八坪にわたって存在し（トノンダの所在は十七坪）、これがかつての葛城寺の寺域とみられるが、一九七四年と

翌年に行われた和田廃寺跡の発掘調査により、七世紀後半に建立された塔の基壇が確認され、鴟尾や古瓦も出土した（工藤圭章「大野丘の北の塔と和田廃寺」『明日香風』一〇号、一九八四年）。

興味深いのは同時に発見された二十数棟の掘立柱建物群のなかに、塔造営以前に遡るものがあり、七世紀前半ごろの建物と推定されていることである。つまり七世紀後半に寺院が造営されるまで、この地には豪族の居館が存在したとみられる。臆測すれば、この居館の主は蘇我一族出身の葛城臣烏那羅で、死後しばらくしてその跡地に、烏那羅の所縁の者の手によって、葛城寺が建立されたと見ることができるのではないか。いずれにせよ、蘇我氏から分立した一族に葛城氏（蘇我葛城氏）がおり、この氏とかかわる寺院（葛城寺）が大和国高市郡の蘇我氏の勢力圏内に営まれたことは紛れもない事実である。

ハカナベ古墳と『紀氏家牒』の豊浦

次に御所市の南郷遺跡群（「葛城氏と渡来人」の章の「葛城地方の渡来人」の節参照）の発掘調査中に、南郷ハカナベ地区の水田下から検出されたハカナベ古墳について注目したい。墳丘の上部は削平されているが、この古墳は一辺約一九メートル（一八・六〜一九・二メートル）の方墳で、南南東に開口する長さ一〇メートル、幅一・八メートル（奥壁部分）の横穴式石室を持ち、玄室中央部には凝灰岩製の家形石棺の残骸が確認できる。墳丘のまわりには周濠をめぐらせ、さらに周濠の西側と北側の外周には平坦面があり、平坦面の周囲には浅い溝をめぐらしている。副葬品のなかには金銅製・銀製の馬具などが含まれるが、築造期は、石室盗掘坑や濠内の土器から、六世紀末ごろとみられる（図8）（奈良県立橿原考古学研究所編『南郷遺跡群』I、一九九六年）。

古墳の規模は小さいものの、凝灰岩製の家形石棺が安置されていることや、副葬品に金銅製品や銀製品が存することから、発掘調査担当者の坂靖氏は、被葬者の政治的地位が相当高いのではないかと推測されている。さらにこの古墳で刮目《かつもく》に価するのはその外観で、墳丘および周濠の法面に装飾的な貼石を施していることであるが、同様の箇所に貼石を施したことが明らかなものは、蘇我馬子の桃原《ももはら》墓とされる七世紀前半代の石舞台古墳にかぎられる。

すなわち葛城の地に築造されたハカナベ古墳は、その後に続く石舞台古墳と築造技法が酷似する。平林章仁氏（前掲書）や坂氏が指摘するように、この古墳はあるいは蘇我氏と結び付く可能性があるとみるべきではないか。ハカナベ古墳の被葬者が誰であったかはもちろん定かではないが、その人物が馬子と縁続きの者で、葛城地方と強いかかわりを持つ有力者であったと考えることもあながち不自然ではあるまい。

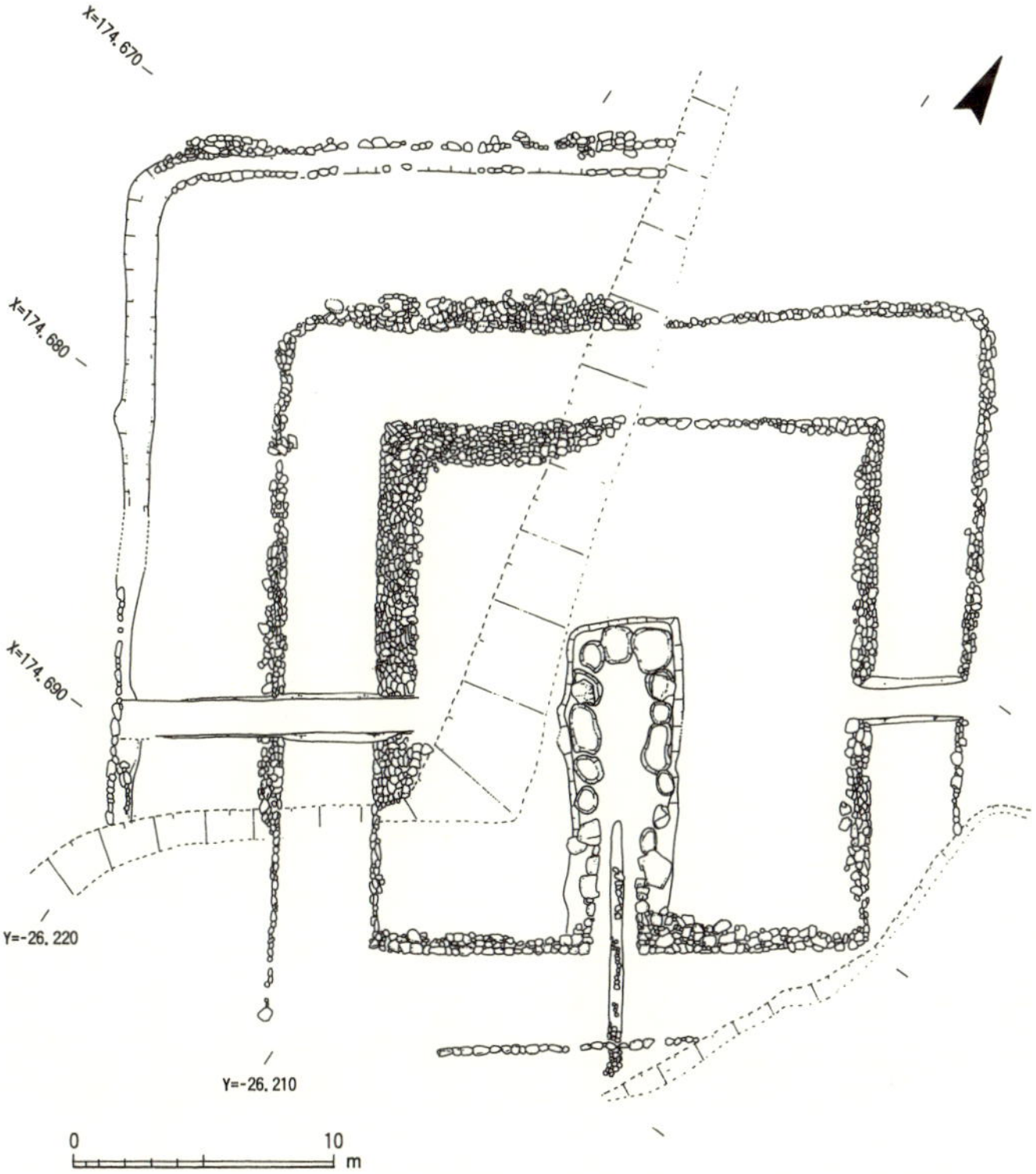

図８　ハカナベ古墳（『南郷遺跡群Ｉ』奈良県立橿原考古学研究所，1996年，124頁より）

このほか『紀氏家牒』にも、次のような若干、気がかりな記事が存在する。

　馬子宿禰の男、蝦夷宿禰、葛城県豊浦里に家をれり。故《かれ》、名づけて豊浦大臣と曰ふ。

前述のように、蝦夷の豊浦大臣の名は、高市郡の豊浦の地名にちなむもので、『紀氏家牒』の記事は誤りとすべきであろう。平林氏は三条西公条《きんえだ》（実隆の子）が天文二十二年（一五五三）に著した紀行文、『吉野詣記《よしのもうでのき》』に、葛城の金剛山中で詠んだ「春の日も　はやにし（西）なるや　葛城の　花にとよらの　かね響くなり」の歌が見えることなどから、葛城地方に豊浦の古地名が存したことを推測されているが、古地名と断定してよいかどうか、なお疑問も残る。

　これに関連して『和州五郡神社神名帳大略注解巻四補闕』や斎藤美澄の『大和志料《やまとしりょう》』に見える古説に、推古天皇が葛城豊浦宮と蘇我馬子の小墾田の建興寺（豊浦寺）を交換し、葛城豊浦宮を高市郡の小墾田の地に遷して豊浦小墾田宮と号したとすることも、単なる俗説にすぎないと思われる。

　かくして『紀氏家牒』の記事を額面通りに受け取ることは控えなければならないが、池田末則氏が指摘されるように、葛城の地には前掲『続紀』の童謡《わざうた》に見える高市郡の「桜井」やその別名の「榎葉井《えのはい》」の地名が残るなど、高市郡と同じ地名の存在することもまた事実である（『奈良県史14地名――地名伝承の研究』、名著出版、一九八五年）。筆者はかつて「葛城寺のケースに鑑みるならば、葛城地方にあった地名が、蘇我氏の手により高市郡の小治田（小墾田）の領域内に新たに付与されたと臆測することもまた可能なのではなかろうか」（前掲書）と主張したのであるが、『紀氏家牒』の記事をそのような文脈で読み解くことも、まったくできないわけではないであろう。

葛城から蘇我へ

以上、蘇我氏の出身が葛城地方であり、この氏がかつての葛城高宮の豪族の流れを汲む氏族である可能性を、追求してみた。『書紀』に記す馬子や蝦夷の主張・行為に加え、葛城寺や葛城（蘇我葛城）氏の存在形態、それに根拠としてはやや薄弱であるが、ハカナベ古墳の外観や『紀氏家牒』の蘇我蝦夷に関する記述などを通覧すると、少なくとも六・七世紀の蘇我氏が葛城地方となんらかの関連を有し、その根底に前述のごとく、蘇我氏のこの地と葛城氏に対する強い帰属意識の存在したことが明らかとなろう。

結局、こうした帰属意識を、蘇我氏の発祥・出自（父系出自）と直接かかわるものととらえるか否かで、蘇我氏に対する氏族観は根本から変わることになるが、この氏の五世紀代の系譜や伝承がいずれも二次的な造作・潤色にすぎないという前提に立つと、筆者は蘇我氏を葛城氏の後裔に当たる氏族と推断して差し支えないと思う。もちろん、葛城氏の実体が、この地の在地土豪たちの紐帯を核とした擬制的な同族組織であった以上、後裔の意味も血統を受け継ぐ者というよりは、むしろ葛城氏の族長（盟主）の地位を名目的に継承した者の意にとるべきであろうが、おそらく蘇我氏の前身は、連合体の初期に盟主の座を占めた高宮の在地土豪の支流、もしくはその系列下の小土豪であったと考えられるのである。

『古事記』の武（建）内宿禰後裔氏族系譜で、葛城長江曾都毘古を始祖とする四氏の筆頭に記されるのは玉手臣である。この氏は前述（「葛城氏と渡来人」の章の「葛城氏の滅亡」の節）のように、『紀氏家牒』に見える「玉手里」（御所市玉手）を本拠とした葛城地方の首長で、滅亡を免れた葛城氏の一派とみられる。天武朝に朝臣の姓を賜わったが、『書紀』にはまったく一族の者の活動が記されず、それ程有力であったとは思われない。門号氏族の一員であり、同祖関係にある的氏などとともに、大伴氏の下で宮廷の諸門の守衛の任に当たったが（前述）、おそらく六世紀以降、かかる宮中での任務に就くようになって、はじめて大和政権内にある程度の政治的地位を確保するに至ったのであろう。

蘇我氏は、葛城氏の出身という点で、玉手氏と同様の性格を有する氏族であった。ただ玉手氏が勢力的にあまり振るわず、葛城の旧貫の地にとどまったのに対して、蘇我氏はある時期、拠点を葛城から高市郡の宗我（蘇我）へと遷したのであろう。後述するように、六世紀前半に蘇我稲目は、大和（畿内）の在地型土豪を代表して、はじめて執政官たる「大臣」の職位に就くことになるが、この氏が五世紀の雄族葛城氏の正統な後継者として認められたことが、稲目の「大臣」就任を実現せしめた最大の原因と考えられる。蘇我氏は五世紀末以降、葛城の地で徐々に力を蓄え、六世紀に入って、磐余《いわれ》の宮都に近い宗我（横大路《よこおおじ》、またはその前身ルートで磐余の地と接続する）へと進出したとみられるのである。したがって時期的にはそれは、稲目かもしくは一代前の馬背《うませ》（?）のころと推定することができよう。

オオマエツキミとマエツキミ

「大臣」誕生

『書紀』の宣化元年二月条には、

大伴金村大連を以て大連とし、物部麁鹿火《あらかひ》大連をもて大連とすること、並に故《もと》の如し。又蘇我稲目宿禰を以て大臣とす。阿倍大麻呂臣をもて大夫《まえつきみ》とす。

との記事を掲げる。この記事は二つの意味で注目される。第一に蘇我氏からはじめて「大臣」が誕生したと記していることである。第二には「大臣」・「大連」と並んで「大夫」の就任にも言及していることである。崇峻即位前紀にも「蘇我馬子宿禰を以て大臣とすること故の如し。卿大夫《マエツキミノタチ》の位、亦《また》故の如し」とマエツキミの留任を記すが、特定の個人名を挙げて就（留）任を伝えた記事は、この宣化元年条にかぎられる。

まず第一の点であるが、蘇我稲目《いなめ》の「大臣」就任は蘇我氏の「大臣」初任であると同時に、大和の有力在地土豪の代表者が「大臣」に任ぜられた最初のケースと見ることができる。換言すれば、「大臣」の制が誕生するのは六世紀前半の稲目の時であり、執政官たる「大臣」の職位は、稲目―馬子《うまこ》―蝦夷《えみし》と蘇我氏三代に独占されたことになる。

ただ『書紀』の雄略即位前紀に、平群臣真鳥《まとり》の「大臣」、大伴《おおとも》連室屋《むろや》・物部《もののべ》連目《め》の「大連」就任記事を掲げているので（前掲）、この記事に依拠して、従来は「大臣」・「大連」の制の成立を雄略朝ごろに求める説が有力視されてきた。平群真鳥については、清寧元年正月条に「大臣」留任を伝え、さらに武烈即位前紀には、真鳥が専横を極め、国政をほしいままにしたこと、その子の鮪《しび》が太子（武烈）と物部麁鹿火大連の女、影媛《かげひめ》を争ったことを記し、太子の命を受けた大伴金村によってまず鮪が殺害され、真鳥も滅ぼされたとする。

さらに『書紀』によれば、真鳥の後、継体元年正月条に「許勢男人《こせのおひと》大臣」の名が見え、同年二月条には男人の「大臣」留任、同二十三年九月条にはその死去（「大臣」として）を記している。この間、「大連」は大伴・物部両氏の間で、大伴室屋―金村、物部目―麁鹿火と継承されたことが記されるから、平群真鳥《へぐりのまとり》―許勢男人の「大臣」継承の例とあわせると、ほぼとぎれることなく「大臣」・「大連」が任ぜられており、あたかも雄略朝のころに

「大臣」・「大連」の執政官制度が成立したような印象を与えるのである。

平群真鳥と許勢男人

しかし平群真鳥と許勢男人の「大臣」就任については、すでに指摘されているように、かなり疑わしい点が少なくない。まず真鳥であるが、真鳥の子の鮪の恋争いの話は『古事記』にも見えるが、『書紀』とは違い、対立者は袁祁命《をけ》（顕宗）、女性は菟田首《うだのおびと》等の女の大魚《おおうお》とされ、鮪の誅殺は記すものの、真鳥と大伴金村は話に現れない。

この両所伝の相違については、私的な恋愛の抗争を描いた『古事記』の方が古く、『書紀』の所伝は国家的見地から政治的な権力闘争を主題とする事件へと改変したものであり、この記紀に共通の話を除くと、平群氏の執政活動を伝える記述は何もなく、平群氏の強盛を史実として根拠づけるものは存在しないこと、平群氏の滅亡に関する『書紀』の所伝は、後次的なものであり、天武十年（六八一）、平群臣子首《こびと》が帝紀・上古諸事（旧辞）の記定事業に参加し、持統五年（六九一）、「墓記」上進を命じられた一八氏中に平群氏の含まれることが、『書紀』の所伝の成立と関係することなどが指摘されている（日野昭「武内宿禰とその後裔」『平安学園研究論集』第三号、一九五九年。のち、同氏著『日本古代氏族伝承の研究』〈永田文昌堂、一九七一年〉に収録、笹山晴生「たたみこも平群の山」『ぱれるが』二二五号、一九七〇年)。

考古学的な見地からも、平群氏の奥津城《おくつき》とみられる平群谷古墳群(平群谷は信貴《しぎ》・生駒《いこま》山脈と矢田《やた》丘陵に挟まれた竜田川〈旧平群川〉流域の谷。奈良県生駒郡平群町に所在)の変遷について、辰巳和弘氏が次のような指摘を行っている(「平群氏に関する基礎的考察」『古代学研究』六四・六五号、一九七二年、「平群谷古墳群再論」『古代文化』四五巻一〇・一二号、一九九三年、のち、同氏著『地域王権の古代学』〈白水社、一九九四年〉に収録)。

平群谷古墳群の被葬者は、この谷に拠った同一の集団(平群氏)より成るが、五世紀末期から六世紀中葉までの、顕著な持送りを有する在地色の強い片袖式の横穴式石室に代わって、六世紀後半の烏土塚《うどづか》古墳以降、巨石を用いた両袖式の大型石室が出現するようになる。ツボリ山古墳(七世紀初頭)、西宮古墳(七世紀第II四半期)がそれであるが、これらの古墳はいずれも畿内の大型古墳の石室と共通の構造を持ち、大和政権の有力者の墳墓に相応しい景観を呈する。したがって平群氏の台頭は烏土塚古墳の被葬者の活躍した六世紀中葉以前には遡り得ないが、文献の面からも『書紀』の応神朝から武烈朝までの平群氏の伝承は、武内宿禰像とその後裔系譜を意識して作られた始祖伝承にすぎないと思われる、と。

真鳥・鮪の伝承以後、平群氏の名はしばらく『書紀』から姿を消し、崇峻即位前紀に至って、平群臣神手《かみて》の名が現れる。用明天皇死後（用明二年〈五八七〉）の物部守屋討伐戦に群臣（マエツキミ）の一人として参戦した内容から成るが、記事の性格から見て、神手が実在の人物であることは間違いない。注目すべきはこの時期、すでに彼がマエツキミの職位に就いていることで、鳥土塚古墳の被葬者が、世代的には神手の一代前の人物とみられることから、この被葬者の時期に平群氏が台頭し、やがてマエツキミに任ぜられたと推測することができる。伝承的な記事を除けば、『書紀』の平群氏の活動期と平群谷古墳の大型石室の出現期はほぼ矛盾なく一致するのである。真鳥の「大臣」就任は否定されるべきであろう。

『書紀』に具体的な執政記事を掲げず、『古事記』に名が見えないという点では、許勢男人も真鳥と同じである。『書紀』安閑元年三月条には男人の女の紗手媛《さてひめ》と香々有媛《かかりひめ》が安閑の妃であったことを記すが、これも『古事記』には見えない。しかも『続紀』天平勝宝三年（七五一）二月己卯条には、雀部《さざきべ》朝臣真人《まひと》の奏言として、継体・安閑二朝に「大臣」として仕えたのは、雀部男人であり、誤って「巨勢（許勢）男人大臣」と記したものである。巨勢朝臣と雀部朝臣は巨勢男柄宿禰《こせのおからのすくね》の男子の代に分立した氏で同祖の関係にあるが、氏姓を分かって後に、「大臣」に任ぜられたのであるから、もとのように男人を雀部朝臣と改めて欲しいと申請しており、当時の巨勢氏の氏上とみられる大納言の巨勢朝臣奈弖麻呂《なでまろ》もこれを証明している。

直木孝次郎氏は、これらの点から男人の実在性を疑い、彼の「大臣」就任は、許勢氏が祖先系譜を飾るため造作した伝承にすぎないとされる（「巨勢氏祖先伝承の成立過程」、『近畿古文化論攷』〈吉川弘文館、一九六三年〉所収、のち、同氏著『日本古代の氏族と天皇』〈塙書房、一九六四年〉に収録）。『続紀』の雀部真人の申請は、『書紀』完成からわずか三〇年ほど後になされたものであり、巨勢奈弖麻呂も同意しているから、本来、男人は雀部氏の系譜に記されていた人物と見て間違いないであろう。

おそらく許勢氏は、武内宿禰の後裔系譜に組み込まれた段階で、「棟梁之臣《むねはりのまえつきみ》」（執政の臣）の武内宿禰の子孫に相応《ふさわ》しい執政氏族として自氏を位置づけるために、もしくは現実に「大臣」の職位に就いた蘇我氏への対抗意識から、「大臣」の祖先伝承を作り上げたのであろう。真鳥を「大臣」とした平群氏についてもまったく同じことが言えるが、許勢氏の場合には、一族の祖に「大臣」に仮託できるような適当な人物が存在せず、同族の雀部男人を許勢氏の「大臣」に振り当てたものと思われる。後述するように、「大臣」や「大連」には執政官の職位を表す用例のほかに、臣・連のカバネを持つ氏族が、自氏の先祖を顕彰する目的で、カバネに美称の「大」を冠し、敬称的に先祖を「大臣」「大連」と呼び馴らすことがあり、「雀部男人大臣」もまたそうした「大臣」として伝承されていた人物なのであろう。

「大臣」誕生の理由

以上のように見ると、大和の在地型土豪を代表する執政官の「大臣」が誕生するのは、結局、六世紀前半の蘇我稲目の「大臣」就任時と考えざるを得ない。「雄略朝以降の王権と大伴・物部両氏」の章で述べたように、葛城氏滅亡後の王権は、大伴・物部両伴造を支柱とする軍事的専制王権としての性格を有した。雄略朝以降の政治は、具体的には大伴・物部両氏が「大連」の前身に当たる執政官的な職位に就き、大王の下で軍政的な政治を行う形が取られたが、軍事的専制王権を維持するうえで、もっとも警戒を要するのは、いうまでもなく葛城氏型の在地土豪の存在であった。当然、彼らは抑圧の対象とされ、政権からは遠ざけられることになる。そしてもとより、こうした状況下では、在地土豪を代表する「大臣」的執政官は生まれるはずもないのである。

大和の在地型土豪が政権中枢に加わるようになる時期は、おそらく継体朝末年であろう。

永い雌伏の間に徐々に実力を蓄え、勢力基盤を築いたことが、彼らの台頭の直接の原因とみられるが、その一方で、事実上の新王朝ともいうべき継体王朝の成立と、それに連動する内政・外交上の混乱が、彼らに政治の檜舞台に躍り出る機会を与えたと見ることができる。すなわち磐井の反乱、新羅による加耶《かや》の金官《きんかん》国・喙己呑《とくことん》・卓淳《とくじゅん》侵攻と近江臣毛野《けの》の朝鮮派兵の失敗、王位継承（継体後の）をめぐる紛糾などが、在地土豪の政治的発言力を高める結果につながったとみられるのである。

しかもこのような過程で、これまで連携して王権を支えてきた二大軍事伴造の大伴・物部両氏の間に決定的な亀裂が生じ、両氏の協調関係が崩壊することになる。『書紀』継体六年二月条によれば、百済の要請と哆唎《たり》国守穂積《ほづみ》臣押山《おしやま》の奏言により、「大連」大伴金村は「任那四県」の百済への割譲を天皇に上奏し許可されるが、難波館《むろつみ》の百済使のもとに勅許を伝える使者となった「大連」物部麁鹿火《あらかひ》は、妻の諫言に従い、病と称してこれを辞した。時に大伴金村と穂積押山が百済より賄賂を受けたとの噂が流れたという。

「任那四県」（上哆唎・下哆唎・娑陀《さだ》・牟婁《むろ》）のある朝鮮半島西南端の旧馬韓《ばかん》地域は、大和政権ともかかわりの深い地域であるが、当時すでに侵攻してきた百済の実質的支配下に置かれ、『書紀』のいう「割譲」はもとより事実ではない。麁鹿火の妻の言葉も後の時代の潤色の跡が濃厚である。欽明元年九月条には、「大連」物部尾輿《おこし》が、かつての四県割譲の問題を持ち出して金村を批判し、そのため金村が住吉《すみのえ》の宅《いえ》へ蟄居《ちっきょ》し、結果的に大伴氏が「大連」の職位を失ったとするが、右の両条はどちらも金村の失脚の理由を、彼の外交上の失政に求め、自業自得的に彼が失脚したかのように描いている。話を造作したのが物部氏で、どちらも物部氏の家記に基づく記述であることは明白であろう。実際にはこれらの記事は、大伴・物部両氏の政治的な対立・抗争を伝えた話と理解することができる。

政治的危機の高まりのなかで出来《しゅったい》した「大連」勢力の分裂は、軍事的伴造出身の執政官に加えて、在地土豪出身の執政官を生み出す契機となった。宣化朝における蘇我稲目の「大臣」就任は、継体朝より若干の時期を経て、大和の在地型土豪がはじめて「大連」に肩を並べる職位を獲得した事実を示すものにほかならないであろう。

マエツキミ制の成立

次に『書紀』宣化元年二月条において、第二に注目すべき点、すなわち阿《あ》倍《べ》臣大麻呂《おおまろ》の「大夫」就任に言及していることは、どのように理解すればよいのであろうか。前述のように、特定の個人名を挙げて、「大夫」就任を記した記事は他には見えない。蘇我稲目の「大臣」就任が、実は「大臣」の初任記事であったように、阿倍大麻呂の「大夫」就任もまた、マエツキミ制の成立とかかわるものと見るべきではなかろうか。

マエツキミとは、「大王の御前に仕える身分の高い人」を意味する言葉である。「参議」と「奏宣」が主たる職掌であるが、「参議」は「大臣」「大連」とともに朝政を合議すること、「奏宣」は大王と臣下の間にあって、大王の命令を臣下に伝え（「宣」）、逆に臣下の申請を大王に奏上（「奏」）することである。「大夫」のほか、「群臣」「群卿」「群僚」「士大夫」「公卿大夫」「侍臣」などさまざまに表記されるが、いずれも中国の用例にあわせて便宜的に漢字を当用したものにすぎない。

議政官的体質を持つマエツキミの制度は、律令制下の太政官における合議体制へと継承されるが、その成立がいつごろであるかについては、いろいろな説があって一定しない。筆者はマエツキミの制は、「大臣」の成立と同時期に、大和の在地型土豪の参政要求を満たす形で実現したと推測する。詳細は別稿（「大夫制と大夫選任氏族」、同著『大和政権と古代氏族』〈吉川弘文館、一九九一年〉所収）を参照していただきたいが、六世紀代にマエツキミに任ぜられた氏は、

阿倍臣・大伴連・物部連・中臣連・三輪君・紀臣・巨勢臣・膳《かしわで》臣・葛城臣・平群臣・坂本臣・春日臣

の一二氏であり、カバネ別の分類では、臣姓八、連姓三、君姓一となる。七世紀も含めると、さらに、

物部依網《よさみ》連、蘇我臣、田中臣、采女《うねめ》臣、高向臣、佐伯連、境部臣、川辺臣、小墾田臣、粟田臣、穂積臣、阿曇連、羽田臣、田口臣

の一四氏が加わり、六・七世紀をあわせたカバネ別の分類は、臣姓一九、連姓六、君姓一となる。

臣姓の者が大多数を占めることが明らかであるが、臣姓の大半は大和の在地型土豪より成る。『書紀』宣化元年二月条では、阿倍臣大麻呂ひとりがマエツキミに任ぜられたと記すが、マエツキミは後には複数（通常は一〇人前後）で構成されるのが常であるから、右の『書紀』の記事は、複数のマエツキの代表者として阿倍臣大麻呂の名を記したか、もしくは大麻呂がまずマエツキミに就任し、ほどなく他の者たちもその職位に就いたかのどちらかを意味するのであろう。

六世紀の連姓マエツキミ三氏のうち、大伴氏の場合は、大伴金村が「大連」の職位を失った後に、この氏の代表者が改めてマエツキミに任ぜられたもので、「大連」からの降格にほかならない。残る物部連と中臣連の場合は、六世紀後半から末に、「大臣」蘇我馬子

に対して勢力的に劣勢に陥った「大連」物部守屋が支持基盤の拡大をはかるために、近親の物部連贄子《にえこ》や盟友の中臣連勝海《かつみ》をマエツキミの一員に送り込んだものとみられる。したがってこれらの氏を除くと、他のマエツキミは君姓の三輪氏を含めて、いずれも大和を中心とした在地土豪か、膳臣のように伴造でありながら在地土豪的性格の強い氏ということになる。

かかる事実に基づくならば、マエツキミは当初、大和や畿内の在地土豪より任ぜられた可能性が大きいと見てよいであろう。旧来の「大連」二氏による寡頭政治的な執政体制を改め、在地土豪出身の執政官（「大臣」）や議政官（マエツキミ）を加えた氏族合議制に基づく新たな政治体制が樹立されるのである。しかしやがてマエツキミへの降格という形で大伴氏を受け入れたことで、マエツキミの組織は形式上、在地土豪に限定されない有力氏一般から成る議政官組織へと変質する。ただし六・七世紀を通じて、臣姓のマエツキミが多数を占めることに明らかなように、基本的にはあくまでも在地土豪を中心として構成された組織と見て差し支えないであろう。

オオマエツキミとマエツキミ

「大臣」「大連」は一般にカバネの「臣」「連」に「大」を冠したものとして、「オオオミ」「オオムラジ」と訓《よ》まれている。しかしすでに指摘されているように、『書紀』に見える「大臣」の古訓は「オホマヘツキミ」「オホマチキミ」「オホマウチキミ」などであって、マエツキミの語と対照させると、「オオ《(ホ)》マエ《(ヘ)》ツキミ」と訓むのが正しいのではないかと思われる。倉本一宏氏はかかる観点から欽明朝にマエツキミとその上部にあってマエツキミを代表し、マエツキミ合議体を主宰するオオマエツキミ（「大臣」）が成立したとされ、「オオマエツキミ―マエツキミ」制とでも呼ぶべき氏族合議制が六世紀前半期には存在したと推定されている（「氏族合議制の成立」『ヒストリア』一三一号、一九九一年。のち、同氏著『日本古代国家成立期の政権構造』〈吉川弘文館、一九九七年〉に収録）。

倉本氏はまた、オオマエツキミに就任したのは蘇我氏だけで、「大連」は連姓氏族が自己の祖先を顕彰するために、七世紀後半以降、「連」というカバネに美称「大」を付した敬称にすぎず、大伴氏や物部氏も実体としてはマエツキミにすぎなかったとされる。しかし六世紀の物部尾輿や守屋の職位が、オオマエツキミの蘇我稲目や馬子よりも下位であったとは考えがたい。『書紀』用明元年五月条には「大臣」の馬子と「大連」の守屋を「両大臣」(フタリノオオマエツキミ)と記すが、篠川賢氏(前掲論文)が指摘されるように、これは馬子と守屋がともにオオマエツキミの職位に就いていたことの証しとなろう。

さらに『書紀』雄略即位前紀以降の「大連」も、すでに何度も述べたように、表記それ自体は追記であるが、実際に執政官的な職位が存在し、軍事的専制王権を支えた大伴・物部の二大伴造がその任に就いたとみて差し支えない。

したがって「オオマエツキミ―マエツキミ」制は、大伴・物部両氏を執政官とする旧体制を、蘇我氏の執政官就任とともに、全面的に氏族合議制へと改変したものと解することができよう。執政官たる大伴・物部・蘇我三氏の下に議政官たるマエツキミを配置し、この三氏が彼らを統括し、氏族合議体を主宰する体制が整うのである。

臣・連のカバネの成立期は、「オオマエツキミ―マエツキミ」制の成立とそれほど時期的に隔たらないと思われるが、オオマエツキミの職位は、就任者のカバネにあわせて、「大臣」・「大連」と表記されるようになった。またこれとは別に、祖先を顕彰する目的で、「大臣」(オオオミ)・「大連」(オオムラジ)の敬称が成立したとみられる。前述の平群真鳥や許勢男人(雀部男人)は、本来はこのような敬称的な「大臣」にすぎなかったと見てよいであろう。

前述のように、成立当初のマエツキミは、大和や畿内の在地土豪で構成された。大伴氏がオオマエツキミからマエツキミに降格したことで、マエツキミの組織は、伴造層も含めた有力氏の議政官組織へと変質するが、その後も大和の在地土豪が組織の中核を占めたことに変わりはない。このような状況のもとで、六世紀半ば以降、オオマエツキミである物部・蘇我両氏の対立が先鋭化する。

蘇我氏とマエツキミ層の動向

両氏の対立の原因を仏教受容をめぐる抗争に求める見方があるが、排仏派とされる物部氏は、河内の渡来人たちとの交流を通して、早くから仏教を受け入れていた形跡が認められるから、このような説は当たらない。両者の対立は、直接的には欽明朝以降、朝政を指導する二大勢力となった両オオマエツキミの権力闘争に起因すると見るべきであろう。蘇我氏は、共通の氏族的基盤に立つ大和の在地土豪出身のマエツキミ層と連携し、軍事的にも経済的にも蘇我氏より圧倒的に優勢であった物部氏をしだいに追い詰めていく。

『書紀』の用明即位前紀には、

蘇我馬子宿禰を以て大臣とし、物部弓削守屋連をもて大連とすること、並びに故のごとし。

とあり、『書紀』の「大臣」「大連」就任・留任記事で、はじめて蘇我氏の名前が物部氏の上位に記されるようになる。蘇我系の用明天皇の即位という事情もあって、敏達《びたつ》朝末年には蘇我氏と物部氏の力関係が逆転し、蘇我氏が優位に回るのである。

さらに注目すべきは、マエツキミに降格した大伴氏のその後の動向である。『書紀』によれば、大伴金村の子の狭手彦《さてひこ》は、欽明二十三年八月（一説に欽明十一年）、高句麗を伐《う》った後、奪い取った武具・珍宝と女性二人を「大臣」の蘇我稲目に贈っており、稲目はこの二人の女性を妻とし、軽曲殿《かるのまがりどの》に住まわせている。用明二年四月、「大連」の物部守屋が河内の阿都《あと》の別業《なりどころ》（現大阪府八尾市跡部・植松）へ退いた後、大伴毗羅夫《ひらぶ》は武装して馬子の槻曲《つきくま》の家に赴き、昼夜離れず馬子を護衛し、同七月には、大伴咋《くい》が物部守屋討伐軍にマエツキミとして加わった。

このように、この時期の大伴氏は著しく親蘇我的体質を帯びるようになる。物部氏との対立抗争に敗れたこの氏が急速に蘇我氏に接近した結果であろうが、用明二年（五八七）、物部守屋が滅亡するまで、大伴氏は、反物部派のマエツキミの急先鋒となっていたと見ることができよう。

「雄略朝以降の王権と大伴・物部両氏」の章の「大伴氏の性格」の節で推測したように、大伴氏の大和の本拠地は高市郡の築坂邑や来目邑である。築坂邑のツキサカは、「身狭《むさ》のツキの地にあった坂」の意（前述）であるが、ツキの地には蘇我馬子の「槻曲の家」があり、蘇我稲目の「軽曲殿」（高市郡軽）もこれと近接する位置にあった。蘇我氏は高市郡宗我の地から下ツ道の前身古道に沿って、南方のツキの地や軽の地に勢力を拡大し、さらに阿倍山田《あべやまだ》道沿いに東方の小墾田や豊浦の地に進出したと思われる。おそらく蘇我氏のツキや軽の地への進出は、大伴氏やその連携勢力であった東漢氏の援助・誘導によるところが大きいであろう。ツキや軽は、大伴氏の拠点であると同時に、東漢氏の勢力圏である高市郡の今来の領域に包摂される地域であった（「東漢氏と軍事的専制王権」の章の「東漢氏の氏族組織の問題点」・「東漢氏の氏族組織の成立」の節参照）。

蘇我氏の勢力圏の拡大と大伴・東漢両氏

さらに蘇我倉家の本拠地で、蘇我氏とその同族の一大勢力圏であった河内国石川地方も、もとは大伴氏の拠点の一つであったと思われる。『書紀』の敏達十二年（五八三）是歳条には、百済より招聘された日系官人の日羅が暗殺された後、マエツキミの大伴糠手子《あらてこ》の計らいで、その妻子や水手《かこ》、および捕縛した暗殺者らを石川地方に分散配置したとするが、このうち水手は「石川大伴村」（現富田林市北大伴・南大伴）に置かれたとされる。

配置をすすめたのが大伴糠手子であることから、「石川大伴村」の地名は、大伴氏の居住にちなむと見てよいが、奈良時代の史料によれば、養老五年（七二一）から天平勝宝二年（七五〇）まで、河内国石川郡佐備郷の戸主とその戸口に佐伯宿禰形見と同諸上の名が見え（天平勝宝二年三月二十三日「佐伯宿禰諸上勘籍」）、大伴氏同族の佐伯氏も石川地方に居住していた。加えて東漢氏も、『系図』逸文の枝氏や配下の村主・漢人のなかに記す波《は》多《た》忌寸・桜井宿禰（枝氏）、高向村主・高向調使《つきつかい》・西大友村主・西波多村主・錦部村主（村主・漢人）が、石川地方を拠点とする氏族とみられる。

そうすると蘇我氏の河内石川地方への進出も、大伴氏や東漢氏の支援のもとになされたと推断して差し支えないであろう。六世紀半ばから後半にかけて、蘇我氏は大伴氏や東漢氏と密接に連携しながら、高市郡宗我から同郡南部、さらには河内国石川地方へと相次いで勢力を拡大していくのである。

蘇我・物部両氏と渡来人

蘇我氏と東漢氏

崇峻五年（五九二）十一月、東漢直駒《やまとのあやのあたいこま》は、蘇我馬子《うまこ》の命により、馬子と対立関係にあった崇峻天皇を殺害した。駒は『書紀』の「或本」に東漢直磐井《いわい》の子と記すが、『系図』逸文などに坂上氏の祖として見える駒子直（坂上大直駒子）と同一人物と思われる。『書紀』には馬子が「儻者《やからひと》を招《お》き聚《あつ》めて、天皇を弑《し》せまつらむと謀《はか》る」と記しているが、儻者のなかには、蘇我氏の一族・同族のほか、徒党として東漢氏も加わっていたのであろう。

皇極三年（六四四）十一月、蘇我蝦夷は、長直《なが》（東漢氏の枝氏、東漢長直）に命じて、高市郡の大丹穂山《おおにほ》に鉾削寺《ほこぬき》を造らせた。また甘檮岡《うまかし》に並べ建てた蝦夷の家（「上の宮門《みかど》」）と入鹿の家（「谷の宮門」）の二つの門には、東漢氏らが常に侍り、これを守衛したという。さらに翌皇極四年の乙巳《いっし》の変の際には、入鹿が宮中で殺害された後、東漢氏は一族の者をすべて集め、武装して蝦夷を助け、軍陣を張ろうとしている。

『書紀』や『藤氏家伝《とうしかでん》』上に見えるこれらの記事は、いずれも蘇我氏と東漢氏との密接な関係を伝えている。「東漢氏と軍事的専制王権」の章の「軍事的専制王権下における東漢氏」の節で述べたように、東漢氏は優れた兵力を持ち、大伴氏と軍事的に交流し、その私兵的性格を有したが、まったく同じことが蘇我氏に対しても当てはまる。というよりは、マエツキミ降格後の大伴氏の蘇我氏への急接近と照らしあわすならば、大伴・東漢両氏がそろって蘇我氏の勢力下に入り、ともにその私兵としての役割を果たしたと見てよいのではないか。蘇我氏は大伴氏から引き継ぐ形で、東漢氏に対する支配力を強めていくのである。

もとより、蘇我氏を葛上郡高宮の葛城氏の系統を受け継ぐ氏族と見るならば、蘇我氏は五世紀代の葛城地方の渡来人たちと交流があり、葛城氏滅亡後、王権とともにこの地へ進出してきた初期の東漢氏とも、すでに接触があったと見なければならないが、当時まだ弱小勢力であったこの氏に、渡来系の集団を束ねるだけの力量は存在しない。東漢氏や他の渡来系諸氏との緊密な関係が生じるのは、蘇我氏がオオマエツキミの職位を獲得した後と見るべきであろう。

逆に東漢氏の側からすれば、大伴氏に次いで蘇我氏と連携したことにより、渡来系の才《て》伎《ひと》や有識者（漢人）を率いる伴造としての立場は著しく増強されたはずである。先に東漢氏が今来とその周辺部だけでなく、大和以外の諸国を含む広汎な地域の渡来人を、漢人として支配下に置くようになる時期は、六世紀に入ってからであろうと推測したのであるが（「東漢氏と軍事的専制王権」の章の「軍事的専制王権下における東漢氏」の節）、おそらくそれは蘇我氏の主導の下で推進されたと見て間違いないであろう。

蘇我氏と中・南河内のフミヒト

蘇我氏は東漢氏以外にも、数多くの渡来系勢力と結び付いていた。『書紀』にかぎらず、さまざまな文献や史料を通して、その痕跡をうかがうことができるが、煩雑になるのでここでは一々それを列挙することは控えたい。ただ蘇我氏は大和国高市郡に次ぐ第二の拠点として南河内の石川地方に進出し、その後もさらに南河内から中河内へと勢力を拡大しようとはかっている。その結果、中・南河内のフミヒト（史部・史と記す。略してフヒトともいう。内政・外交上の文書処理の必要から、文筆・記録の専門職として、六世紀半ば〜後半に成立。渡来系の諸氏より成る）

をはじめ、これらの地域の渡来人の多くが蘇我氏と親密な関係を持つに至った。

『書紀』欽明十四年七月条によれば、勅を奉じた蘇我稲目に遣わされた王辰爾《おうしんに》が、船賦（ふねのみつき）を数え録《しる》したので、その功により、彼は船長（ふねのつかさ）となり、船《ふね(ふな)》史《ふひと》の姓を賜わったという。敏達元年五月条には有名な「烏羽《からすば》の表」の話を掲げ、「東西諸史」（ヤマト・カワチノモロモロノフミヒト）の誰もが読み解くことのできなかった高句麗の国書を王辰爾だけが読解し、天皇と蘇我馬子に絶賛されたと伝えている。

「烏羽の表」の話が、王辰爾のフミヒトとしての卓越した能力を強調しているように、これらの話は船史の家記より出たことが明らかである。どちらの場合も蘇我稲目や馬子が王辰爾と関係する人物として登場し、蘇我氏と船氏とのつながりをうかがうことができるが、『書紀』はさらに、乙巳の変の際に、蘇我蝦夷らが『天皇記』や『国記』を焼こうとしたこと、船史恵尺《えさか》が素早く取り出したために、『国記』だけが消失を免れたことを伝えている。おそらく船史恵尺は蘇我蝦夷の側近であり、すでに指摘されているように、推古二十八年（六二〇）、厩戸皇子が蘇我馬子と議《はか》って編纂しようとした『天皇記・国記・臣連伴造国造百八十部并公民等本記』の筆録に、フミヒトとして参画していたのであろう。

次に白猪《しらい》史も蘇我氏と親しい関係にあったと思われる。『書紀』の欽明十六年七月条には、蘇我稲目らを派遣して、吉備の五郡に白猪屯倉《みやけ》を設置させたこと、翌十七年七月条には、稲目らを備前の児島郡に遣わして、同じく屯倉（吉備児島屯倉）を置かせたことを記すが、欽明三十年四月条には、王辰爾の甥とされる白猪史胆津《いつ》が、白猪田部《たべ》の丁者《よほろ》を検定して籍を定め、田戸《たべ》（田部）を編成した功により、白猪史の姓を賜わり、田令《たつかい》に任ぜられたとする。ついで敏達三年十月条には、蘇我馬子を吉備国に遣わして、白猪屯倉と田部を増益し、田部の名籍を白猪史胆津に授けたと記している。

白猪屯倉と児島屯倉は栄原永遠男氏が指摘されるように、同一のミヤケを指すと考えられるが（栄原氏「白猪・児島屯倉に関する史料的検討」『日本史研究』一六〇号、一九七五年）、ここでもまた吉備のミヤケの開発・経営をめぐって白猪史が蘇我氏と結び付き、その指揮下に置かれていたことが推測できる。

船・白猪両氏は、津氏（津史）とともに河内国丹比郡野中郷を本拠としたフミヒトの一族で、延暦九年（七九〇）の津連真道《まみち》の上表によれば、百済の貴須王の孫、辰孫王（智宗王）の後裔とされるが、「東漢氏と軍事的専制王権」の章の「東漢氏の氏族組織の問題点」の節で述べたように、本来は野中郷に隣接する古市郡古市郷に拠った王仁の後裔と称する西文氏・馬氏・蔵氏らの百済系フミヒトの諸氏と、「野中古市人」と呼ばれる擬制的な同族集団を形成していた。したがって蘇我氏は船氏や白猪氏だけでなく、「野中古市人」に属するすべての氏族と交流があったと見て差し支えないであろう。

西文氏を盟主とする「野中古市人」は、カワチノフミヒト（西史部）の中核を占めたが、河内国のフミヒトの分布は、古市・丹比の両郡を中心に、錦部・石川・安宿《あすかべ》・大県《おおがた》・志紀《しき》・高安・渋川・若江《わかえ》といった南河内や中河内の諸郡に集中している。最先端の学術・知識や文書処理能力を身に付けたフミヒトの掌握は、蘇我氏が執政氏族として指導性を発揮するうえで欠かせないものであり、「野中古市人」との関係を通して、蘇我氏は中・南河内のフミヒトへの支配力を強めていったと思われる。

蘇我氏による物部氏勢力圏の侵蝕

換言すれば、それは河内の錦部・石川両郡（石川地方）に基盤を築いた蘇我氏が、渡来人支配を梃子として、さらに北方の諸郡へと勢力を拡大していったことにほかならないが、この事実は、オオマエツキミに任ぜられる二大勢力として、政治的に対立しがちであった蘇我・物部両氏の関係を極度に悪化させる要因となった。

『書紀』に物部守屋の「阿都《あと》の別業《なりどころ》」（前述）や「渋河の家」が見え、彼の名を「物部弓削守屋」（「弓削」は『和名抄』の河内国若江郡弓削郷）とも記すように、物部氏の河内の拠点は中河内の渋川郡や若江郡（大和の拠点は前述した石上神宮のある山辺郡石上郷）にあった。平安時代（後期摂関期）成立の『四天王寺御手印縁起《してんのうじごしゅいんえんぎ》』に、守屋の没官《もっかん》所領として掲げる田園の所在地名にも、渋川・若江両郡内の地名が多く認められる。また『書紀』の雄略十三年三月条には、天皇が物部目大連に「餌香長野《えがのながの》邑」を与えたとあるが、餌香長野邑は『和名抄』の志紀郡長野郷に当たり、志紀郡（渋川・若江両郡の南に接する）の大和川・石川合流点の近くまで、物部氏の勢力が及んでいたことがうかがえる。

かつて佐伯有清氏は蘇我・物部両氏の対立は、「物部氏の勢力圏に蘇我氏が東漢氏をとおして、あらたに勢力をのばしてきたことに真の原因を求めるべきであろう」（「貴族文化の発生」、『岩波講座日本歴史』古代二〈岩波書店、一九七五年〉所収）とされたが、東漢氏だけでなく、中・南河内の渡来系諸集団をも含めて考えるならば、まさに佐伯氏の指摘の通りと思われる。現地の渡来人勢力と私的な支配関係を結ぶことによって、蘇我氏は実質的に物部氏の勢力圏への侵略をすすめていくのである。

もとよりこのような情勢に対して、物部氏はただ手をこまねいていたわけではなく、なんらかの対抗手段を講じたとみるべきであろう。物部氏の主導の下に、河内の渡来系諸集団の糾合と再編が、部分的な形ではあれすすめられた可能性が考慮される。プロローグや

「東漢氏と軍事的専制王権」の章の「東漢氏の氏族組織の成立」の節で触れた西漢氏は、そうした経緯を踏まえて、新たに誕生した氏族集団と理解してよいのではなかろうか。

西漢氏の実体

『書紀』に現れる西漢氏の氏人は、推古十八年十月条の河内漢直贄《にえ》と斉明五年七月条所引「伊吉連博徳書《いきのむらじはかとこのふみ》」の西漢大麻呂の二人だけである。ほかにプロローグで述べたように、雄略七年是歳条の西漢才伎《かわちのあやのてひと》歓因知利《かんいんちり》が西漢氏の系統の才伎とみられる。東漢氏に比べると影の薄い存在で、これまで西漢氏が注目されることはほとんどなかった。

そのため渡来系氏族のなかでもあまり有力ではなかったとか、早く衰退してしまったとする見方が一般的であったが、この氏は、天武十二年（六八三）に直から連へ、同十四年には忌寸へと改姓しており、連への改姓は東漢氏より一年遅れるものの、忌寸賜姓の時期は同じである。しかも天武朝の改姓事業で連から忌寸へと改姓した渡来系の氏族は東西の漢直以外では、秦造・西文首・草香部《くさかべ》吉士（難波連・難波忌寸）のような雄族にかぎられるから、西漢氏は渡来系の名門氏族として処遇されていたことになる。

西漢氏の一族の者の名が『書紀』やそれ以後の史書・史料に見えないのは、この氏の力が弱かったからではなく、西漢氏の氏族組織が、東漢氏と同じく複数の枝氏によって構成されていたためであろう。『書紀』では、東漢氏の一族の者の氏姓は、「東漢直」と総称で記される場合、「東漢坂上直」のように総称の下に枝氏名を付して記される場合、「坂上直」・「大蔵直」のように枝氏名で記される場合の三通りがあり、奈良朝以降はもっぱら枝氏名だけで記されるようになる。西漢氏についても同様に考えてよいとすれば、「西漢」とは別のウジを名乗っている氏族のなかに、西漢氏の枝氏が存在したはずである。

ではどのような氏族が西漢氏の枝氏であるかといえば、(I)互いに同祖関係にあり、(II)河内に拠点を有し、(III)旧姓（カバネ）が直で、『書紀』に忌寸賜姓を記さず、しかも天武十四年（忌寸賜姓期）とそれほど隔たらぬ時期に忌寸姓を帯びる、以上の三条件をすべて適《かな》える氏族が、もっともその蓋然性が高いと思われる。(III)は独立した枝氏としてではなく、西漢氏全体として天武朝に改姓したため、『書紀』に賜姓記事が見えないことを意味する。

この三条件を満たす氏族に河内忌寸、山代忌寸、台《うてな》忌寸の三氏がある。三氏の旧姓は直で、持統・文武朝ごろにはすでに忌寸のカバネを名のっている。『書紀』は天武十四年の忌寸賜姓氏族のなかに山背連（旧姓直）の名を掲げるが、この氏は神別の山背国造のことで、右の山代忌寸とは別氏である。『姓氏録』によれば、三氏は後漢最後の皇帝、献帝（孝献帝）の子、白竜《はくりゅう》王の後裔と称するが、東漢氏が八世紀末に後漢の霊帝の裔《すえ》と称したことを勘案すると、三氏は東漢氏と氏族的に競合する立場から、出自についてこのような主張を行ったと見ることができ、三氏が実際に西漢氏の枝氏であった可能性を示唆しよう。本拠地は河内忌寸が河内国河内郡、山代忌寸は同国石川郡山代郷で、台忌寸も同国交野《かたの》郡岡本郷付近に拠点があった。

以上により、筆者はこの三氏を西漢氏の枝氏と断定して差し支えないと思う。白竜王の後裔と称した氏族には、他に『姓氏録』和泉国諸蕃に見える凡人中家《おおしひとのなかつえ》があるが、右の三氏とはカバネも異なり、氏人の名も史料にまったく現れない。二次的に西漢氏の同族組織に加わった傍流の枝氏とすべきであろうが、この氏も、和泉国（もとは河内に属した）を本貫とするから、それなりに西漢氏の枝氏に相応《ふさわ》しい様相を呈している。

西漢氏の支配下集団

東漢氏の支配下には、渡来系の才伎や有識者で構成される村主・漢人集団が所属し、さらにその下には在地の一般農民層から成る漢部・漢人部が隷属していた。従来は西漢氏の存在が注目されていなかったこともあって、村主・漢人・漢部・漢人部はすべて東漢氏特有の支配下集団と理解されてきた。しかし古代の史料を細かく見ていくと、表2のように、「西」「川内」「河内」の語を冠した漢人・漢部・漢人部が検出される。

表2　「西」・「川内」・「河内」の語を冠した漢人・漢部・漢人部

	国名	郡名	人名・氏名	時期	備考	出典
1			川内漢人衆万呂			藤原宮跡出土木簡（『藤原宮木簡釈文』一二頁）
2			西漢人益人	天平十二（七四〇）～天平勝宝三（七五一）頃	大仏鋳造などの労役作業に従事	東大寺大仏殿廻廊西地区出土木簡（東大寺、奈良県立橿原考古学研究所『東大寺大仏殿西廻廊隣接地の発掘調査』一二頁）
3	備中	都宇	西漢人志卑売（建部郷岡本里）	天平十一（七三九）	岡本里の戸主丸部得麻呂の戸口	天平十一「備中国大税負死亡人帳」（『大日古』二―二四八、二五一～二五二頁）
		賀夜	西漢人部麻呂（阿蘇郷宗部里）	〃	宗部里の戸	
			西漢人部事无売（阿蘇郷磐原里）	〃	磐原里の戸主史戸阿遅麻佐の戸口	

4	備中	下道	西漢人宗人（滋善宿禰宗人）	延暦十九（八〇〇）～貞観五（八六三）	従五位上・大学助教、仁寿二（八五二）滋善宿禰の氏姓を賜わり、左京へ貫附	『続後紀』嘉祥三・正・七、『文実』仁寿二・一二・九、『三実』貞観五・正・二〇
5	摂津		川内漢人	弘仁六（八一五）	火明命の九世孫、否井命の後	『新撰姓氏録』未定雑姓、摂津国
6	豊後	海部	川内漢部佐美・伊提志・法麻呂・都夫良売・等与・羊・佐米・乎夜売・己母理売・泥売・小川・刀良・赤羽・阿流加自売	大宝二（七〇二）（推定）	某里の戸主山部牛の戸口（佐美・伊提志・法麻呂・都夫良売）某里の戸主（等与）とその戸口（羊・佐米・乎夜売・己母理売・泥売・小川・刀良・赤羽・阿流加自売）	「豊後国戸籍」（『大日古』一―二一五～二一七頁）
7			河内漢部隅田	天平宝字（七五八）	装潢	天平宝字二・九・五付「造東寺司解案」（『大日古』一四―四五頁）ほか

備考　『続後紀』は『続日本後紀』、『文実』は『日本文徳天皇実録』、『三実』は『日本三代実録』、『大日古』は『大日本古文書』の略。

これらは西漢氏の支配下集団の流れを汲む人々と見てよいと思われるが、天平勝宝八歳（七五六）七月には、河内国石川郡の人、漢人広橋・刀自売ら一三人が山背忌寸の氏姓を賜わっている（『続紀』）。山背忌寸は西漢氏の枝氏の氏姓であるから、漢人広橋らは西漢氏系の漢人の子孫とみられ、史料に「西」などの語を冠せず、漢人・漢部・漢人部の姓だけで記される人々のなかにも、西漢氏系の者が少なからず存在した可能性がある。

また漢人の長である村主《すぐり》についても、『系図』逸文の「七姓漢人」や阿智使主の「本郷の人民」の後裔氏のなかに、三三氏の村主姓氏族の名が認められることから、村主もまた東漢氏系にかぎられるとみられてきた。しかし『系図』逸文には名を記さない村主姓氏族が、ほかに一七氏ほど存在する。

穴太《あのう》村主（志賀穴太村主）・大友村主・大鳥村主・下《しも》村主・村主・高安村主・高安下村主・槻本村主・岡田村主・栢原《かしはら》村主・春日部（春日戸）村主・上《かみ》村主・利苅《とかり》村主・古市村主・坂田村主・郡村主・葦屋村主

これらの村主のうち、栢原村主は「葛城氏と渡来人」の章の「葛城地方の渡来人」の節で述べたように、和銅六年（七一三）に桉作《くらつくりの》磨心《とごころ》が賜わった氏姓で、彼は『系図』逸文に見える鞍作村主の同族かその配下の鞍作部の出身とみられる。葦屋村主も『姓氏録』によれば、葦屋漢人が阿智王の後裔とされるので、この両村主については東漢氏系の村主である可能性が高い。

しかしそれ以外の一五氏については、東漢氏とのかかわりは不明である。大和の居住者は皆無で、逆に河内（九氏）や近江（六氏）に拠点を持つ者が多いという特徴が認められる。しかも近江の村主のなかには、八世紀末から九世紀にかけて、西漢氏と同じように後漢の献帝の裔と称して、改姓するものが認められるから、河内居住者が最大多数を占めることとあわせて、これらの諸氏のなかには西漢氏系の村主が相当数存在したと見て間違いないであろう。

物部氏と西漢氏

かくして東漢氏と同じく、西漢氏の下にも、村主・漢人や漢部・漢人部の属していたことが明らかとなった。東（ヤマト）・西（カワチ）の両漢氏の氏族構造・支配組織がまったく一致することは、それらが意図的・計画的に編成された事実を示唆しよう。ただ東漢氏は五世紀後半から末にウジが成立するのに対して、西漢氏の場合はそれよりも遅れ、六世紀に入ってからとみられる。すなわち河内忌寸の祖に当たる「安羅日本府」執事の河内直（加不至費直）は、「東漢氏と軍事的専制王権」の章の「東漢氏の氏族組織の成立」の節で見たように、安羅の首長の鷹奇岐彌（加猟直岐甲背）

が日本に移住して生んだ子であり、彼の時にはじめて河内直の氏姓が成立したと思われる。時期的には欽明朝初年かその少し前となるが、西漢氏の氏族組織もほぼ同じころに成立したと見ることができよう。

東漢氏はすでにこのころには、多くの支配下集団を擁するようになっていたから、西漢氏のウジや支配組織の形成は、東漢氏を先駆形態とし、それに倣ってすすめられたと推測して差し支えない。すなわち安羅や南部加耶出身の河内の渡来系集団を西漢氏という氏族組織に糾合し、その下に渡来系の才伎や有識者集団（村主・漢人）、さらには農民から成る在地の貢納集団（漢部・漢人部）が付属させられていったのであろう。

西漢氏が王権への職務奉仕を前提として、人為的にまとめあげられた擬制的同族組織である以上、そのウジや支配組織を成立させた主体は、いうまでもなく王権である。しかし同様の性格を持つ東漢氏が、執政官の大伴氏や蘇我氏との連携によって、ウジを発展させ、支配組織を拡大していったように、西漢氏の背後にも、政権中枢に位置した権力者の存在を考慮する必要がある。先に見たように西漢氏の成立・発展とかかわるそのような存在は、物部氏を措いてほかには考えられない。

ここでプロローグの雄略七年是歳条の話にもう一度、立ち返ってみよう。雄略に今来才伎の招喚を勧めたのは、西漢才伎歓因知利《かわちのあやのてひとかんいんちり》であり、「自分よりも優れた才伎が韓国《からくに》には沢山いるから」という理由によるものであった。筆者はさきに西漢才伎歓因知利を西漢氏系の才伎と推測したのであるが、彼は西漢氏配下の漢人集団に属した才伎と見て間違いあるまい。

　苦難の末に、ようやく来朝した今来才伎《いまきのてひと》たちが最初に安置されたのは「倭国吾礪広津邑《やまとのくにのあとのひろきつむら》」であった。前述のように、「倭国吾礪広津邑」は河内国渋川郡跡部郷に当たる。物部守屋の「阿都の別業」や「渋河の家」の所在地であり、物部氏の本拠地にほかならない。この邑の所在を大和に求める説もあるが、広津邑の「ヒロキツ」は、『姓氏録』河内国皇別の広来津《ひろきつ》公条によれば、河内国にあった地名である。奈良時代には河内国に尋来津《ひろきつ》公の一族の者が居住しており（『続紀』）、また物部氏の同族に尋来津首や物部尋来津《ひろきつ》首が存するので、倭国吾礪広津邑の所在地は渋川郡跡部郷に比定して間違いないであろう。

　そうすると西漢氏系の才伎の助言によって百済から招かれた今来才伎が、物部氏の河内の本拠地に置かれたことになるが、おそらくそれはまったくの作り話ではあるまい。物部氏が今来才伎の一部を掌握し、それを自分の勢力圏内に配置したこと、物部氏の下で才伎を管掌したのが西漢氏であったことは、歴史的事実として認めてよいと思われる。かくし

図 9　跡部神社（河内国渋川郡跡部郷）

て六世紀後半ごろには、蘇我・物部の両オオマエツキミを後ろ盾として、東・西両漢氏が村主・漢人らの才伎や有識者を率いるトモの組織が大和政権内に並立するのである。

しかし西漢氏の組織は、東漢氏と比較すると、枝氏、支配下集団のどちらも小規模である。八世紀以降の政界における枝氏の地位も東漢氏に対して著しく見劣りがする。おそらく六世紀末の物部守屋の滅亡が、西漢氏とその支配組織に深刻な打撃を与え、それ以後、西漢氏のトモの組織は、停滞・縮小を余儀なくされたのであろう。

雄略七年是歳条には、いったん、「倭国吾礪広津邑」に置かれた今来才伎に病死する者が多かったので、天皇が大伴室屋に詔して、東漢直掬《つか》に命じ、「新漢《いまきのあや》」の陶部高貴ら五人を大和国高市郡の三ヵ所に遷したと記している。

プロローグで述べたように、大伴室屋と東漢直掬の名が見えるのは、『書紀』がこの話を今来才伎の起源説話として雄略朝に掲げたためで、実際には渡来系の才伎の掌握をめぐる六世紀後半から末葉の、蘇我・物部両オオマエツキミと東西両漢氏の対立抗争の史実が投影されていると見るべきであろう。中・南河内に進出してきた蘇我・東漢両氏の手によって、物部・西漢両氏配下の才伎（漢人）が奪い取られたか、守屋滅亡を機に漢人の西漢氏から東漢氏への大幅な所轄替えが行われたか、そのどちらかの史実を伝えていると思われる。

両オオマエツキミの抗争の帰趨は、そのまま東漢氏と西漢氏の明暗を分けることになった。後者のトモの組織は、かろうじて維持されたものの、時の経過とともに次第に形骸化していったとみられるのである。

あとがき

大学の日本史学科に進んだ時、ともかく一冊、高価な専門書を手に入れて、日本史の学生らしく振る舞おうとした。古代史を専攻するつもりではいたが、何を研究するのかもまだ決めておらず、とくにこれといって欲しい本があるわけでもなかった。本屋の書棚の前で何冊か古代史関係の本を立ち読みし、考えあぐねた結果、最後に選んだのが直木孝次郎氏の『日本古代の氏族と天皇』である。理由は今もってよく分からないが、何か心惹かれるものがあったのであろう。

奥付を見ると、一九六七年の第三版で定価一六〇〇円とある。貧乏学生の私には、清水の舞台から飛びおりるような決断を要する大散財であったが、その本を手にしただけで、将来の研究が保証されたような錯覚に陥り、一字一句むさぼるように、夢中で読み耽ったことを覚えている。

いささか大仰であるが、それは運命的な出会いであったのかもしれない。爾来三〇年あまり、私は古代の氏族研究をテーマに学究生活を送ることになった。氏族研究は、私にとって、自分自身の古代史像を構築するための欠くべからざる手段である。氏族のあり方を通して、古代の実像に迫ろうとする姿勢を、私はこれまで持ち続けてきたつもりであるが、では何故その手段として、氏族研究を選んだのかと問われると、実は答えに窮するのである。結局、それが私にとってもっとも魅力的で、関心のある研究対象であったとしか答えようがない。それ以上、何を言っても、無理に付け加えた理由にすぎないような気がする。

それでも、一向構わないと思ってはいるが、そのこととは別に、私は個々別々の歴史的関心に基づき、これまで考えたり論じたりしてきた諸豪族や渡来人のあり方を、もう一度全体的な視野に立って再検討してみたいと考えていた。すなわち彼等を連続する歴史の流れのなかに実態的にとらえ、王権とのかかわりのなかで、自己の存亡をかけて互いに連携もしくは競合・対立する存在として位置付け、その動向を通して、大和政権の発展過程をたどってみたいと願っていた。幸い今回、執筆の依頼を受けたのを機に、五・六世紀という激動の時代に的を絞り、かねての構想のもとに原稿をまとめてみることにした。

ただようやく書き終えはしたものの、成否のほどは全く自信がない。意図するところとは裏腹に、木に竹を接ぐ結果に終わったのではないかと危惧する次第であるが、もはや後戻りはできない。あえて「成果」を世に問うて、読者諸賢のご批判を待ちたいと思う。

本書の刊行にあたっては、佐伯有清先生と倉本一宏氏のご尽力を賜わった。また吉川弘文館編集部の方々にも大変お世話になった。厚く御礼申し上げたい。

二〇〇二年五月

加藤謙吉

著者紹介
一九四八年、三重県に生まれる
一九七五年、早稲田大学大学院文学研究科博士課程単位取得退学
現在、成城大学・中央大学・早稲田大学・慶応義塾大学兼任講師、博士（文学）
主要著書
蘇我氏と大和王権　大和政権と古代氏族　秦氏とその民　吉士と西漢氏

歴史文化ライブラリー
144

大和の豪族と渡来人
葛城・蘇我氏と大伴・物部氏

二〇〇二年（平成十四）九月一日　第一刷発行

著　者　加《か》藤《とう》謙《けん》吉《きち》

発行者　林　英　男

発行所　株式会社 吉川弘文館
東京都文京区本郷七丁目二番八号
郵便番号一一三―〇〇三三
電話〇三―三八一三―九一五一〈代表〉
振替口座〇〇一〇〇―五―二四四

印刷＝平文社　製本＝ナショナル製本
装幀＝山崎　登

ISBN4-642-05544-4

歴史文化ライブラリー

1996.10

刊行のことば

現今の日本および国際社会は、さまざまな面で大変動の時代を迎えておりますが、近づきつつある二十一世紀は人類史の到達点として、物質的な繁栄のみならず文化や自然・社会環境を謳歌できる平和な社会でなければなりません。しかしながら高度成長・技術革新にともなう急激な変貌は「自己本位な刹那主義」の風潮を生みだし、先人が築いてきた歴史や文化に学ぶ余裕もなく、いまだ明るい人類の将来が展望できていないようにも見えます。このような状況を踏まえ、よりよい二十一世紀社会を築くために、人類誕生から現在に至る「人類の遺産・教訓」としてのあらゆる分野の歴史と文化を「歴史文化ライブラリー」として刊行することといたしました。

小社は、安政四年(一八五七)の創業以来、一貫して歴史学を中心とした専門出版社として書籍を刊行しつづけてまいりました。その経験を生かし、学問成果にもとづいた本叢書を刊行し社会的要請に応えて行きたいと考えております。

現代は、マスメディアが発達した高度情報化社会といわれますが、私どもはあくまでも活字を主体とした出版こそ、ものの本質を考える基礎と信じ、本叢書をとおして社会に訴えてまいりたいと思います。これから生まれでる一冊一冊が、それぞれの読者を知的冒険の旅へと誘い、希望に満ちた人類の未来を構築する糧となれば幸いです。

吉川弘文館

歴史文化ライブラリー

45 大久保利通と明治維新――佐々木 克
46 番茶と日本人――中村羊一郎
47 アジアのなかの琉球王国――高良倉吉
48 婚姻の民俗 東アジアの視点から――江守五夫
49 正倉院と日本文化――米田雄介
50 中世の奈良 都市民と寺院の支配――安田次郎
51 地獄と極楽 『往生要集』と貴族社会――速水 侑
52 密教の思想――立川武蔵
53 奈良朝の政変劇 皇親たちの悲劇――倉本一宏
54 平安朝 女性のライフサイクル――服藤早苗
55 比叡山延暦寺 世界文化遺産――渡辺守順
56 海賊たちの中世――金谷匡人
57 特務機関の謀略 諜報とインパール作戦――山本武利
58 文学から見る「満洲」 「五族協和」の夢と現実――川村 湊
59 平泉中尊寺 金色堂と経の世界――佐々木邦世
60 幕末維新の風刺画――南 和男
61 捨聖 一遍――今井雅晴
62 横井小楠 その思想と行動――三上一夫
63 悲運の遣唐僧 円載の数奇な生涯――佐伯有清
64 道具と暮らしの江戸時代――小泉和子
65 〈聖徳太子〉の誕生――大山誠一
66 三角縁神獣鏡の時代――岡村秀典
67 薬と日本人――山崎幹夫
68 人権の思想史――浜林正夫
69 近世の百姓世界――白川部達夫
70 葬式と檀家――圭室文雄
71 東京大学物語 まだ君が若かったころ――中野 実
72 源氏物語の風景 王朝時代の都の暮らし――朧谷 寿
73 江戸時代の孝行者 「孝義録」の世界――菅野則子
74 隠居大名の江戸暮らし 年中行事と食生活――江後迪子
75 マンガ誕生 大正デモクラシーからの出発――清水 勲
76 縄文の実像を求めて――今村啓爾
77 太平洋戦争と歴史学――阿部 猛
78 エトロフ島 つくられた国境――菊池勇夫
79 幕末民衆文化異聞 真宗門徒の四季――奈倉哲三
80 町火消たちの近代 東京の消防史――鈴木 淳
81 毘沙門天像の誕生 シルクロードの東西文化交流――田辺勝美
82 茶の湯の文化史 近世の茶人たち――谷端昭夫
83 天皇陵の近代史――外池 昇
84 啄木短歌に時代を読む――近藤典彦
85 新・桃太郎の誕生 日本の「桃ノ子太郎」たち――野村純一
86 日本の中世寺院 忘れられた自由都市――伊藤正敏
87 皇軍慰安所とおんなたち――峯岸賢太郎
88 王宮炎上 アレクサンドロス大王とペルセポリス――森谷公俊

歴史文化ライブラリー

89 江戸御留守居役 近世の外交官——笠谷和比古
90 ヒトラーのニュルンベルク 第三帝国の光と闇——芝 健介
91 葛飾北斎——永田生慈
92 神々の原像 祭祀の小宇宙——新谷尚紀
93 天才たちの宇宙像——桜井邦朋
94 万葉集と古代史——直木孝次郎
95 宮武外骨 民権へのこだわり——吉野孝雄
96 歌舞伎の源流——諏訪春雄
97 楽園の図像 海獣葡萄鏡の誕生——石渡美江
98 役行者と修験道の歴史——宮家 準
99 北条政子 尼将軍の時代——野村育世
100 強制された健康 日本ファシズム下の生命と身体——藤野 豊
101 運 慶 その人と芸術——副島弘道
102 魔女裁判 魔術と民衆のドイツ史——牟田和男
103 紙芝居 街角のメディア——山本武利
104 魏志倭人伝を読む 上 邪馬台国への道——佐伯有清
105 魏志倭人伝を読む 下 卑弥呼と倭国内乱——佐伯有清
106 渤海国興亡史——濱田耕策
107 曽我物語の史実と虚構——坂井孝一
108 古代の道路事情——木本雅康
109 遊牧という文化 移動の生活戦略——松井 健
110 仏画の見かた 描かれた仏たち——中野照男
111 古代の神社と祭り——三宅和朗
112 江戸と上方 人・モノ・カネ・情報——林 玲子
113 邪馬台国の考古学——石野博信
114 第二次世界大戦 現代世界への転換点——木畑洋一
115 江戸東京歳時記——長沢利明
116 女性史と出会う——総合女性史研究会編
117 スカルノ インドネシア「建国の父」と日本——後藤乾一・山﨑 功
118 日赤の創始者 佐野常民——吉川龍子
119 黒船来航と音楽——笠原 潔
120 神風の武士像 蒙古合戦の真実——関 幸彦
121 読経の世界 能読の誕生——清水眞澄
122 飛鳥の朝廷と王統譜——篠川 賢
123 交流する弥生人 金印国家群の時代の生活誌——高倉洋彰
124 北斎の謎を解く 生活・芸術・信仰——諏訪春雄
125 日本の祭りを読み解く——真野俊和
126 ザビエルの同伴者 アンジロー 戦国時代の国際人——岸野 久
127 文明開化と差別——今西 一
128 アイヌ文化誌ノート——佐々木利和
129 マザーグースと日本人——鷲津名都江
130 日 蓮——中尾 堯
131 東国の南北朝動乱 北畠親房と国人——伊藤喜良
132 秦の始皇帝 伝説と史実のはざま——鶴間和幸

歴史文化ライブラリー

133 天台仏教と平安朝文人――後藤昭雄
134 海外観光旅行の誕生――有山輝雄
135 東京都の誕生――藤野 敦
136 都市図の系譜と江戸――小澤 弘
137 百姓一揆とその作法――保坂 智
138 女人禁制――鈴木正崇
139 海のモンゴロイド ポリネシア人の祖先をもとめて――片山一道
140 銭の考古学――鈴木公雄
141 藤原摂関家の誕生 平安時代史の扉――米田雄介
142 踊りの宇宙 日本の民族芸能――三隅治雄
143 子どもたちの近代 学校教育と家庭教育――小山静子
144 大和の豪族と渡来人 葛城・蘇我氏と大伴・物部氏――加藤謙吉

以下続刊　各冊一、七〇〇円（税別）